2019年度最新版

待ったなし！外国人雇用
─STORYで学ぶ入管法改正─

著者
西河　豊／松本　光正

三恵社

はじめに

　本書の冒頭に当たり、私が説明することは、「地方での」「中小企業」の雇用の危機的状況という1点のみです。何事も動機部分が大切です。
　ここを納得しないと、外国人雇用を試みようとはならないからです。

　全国的に雇用状況は改善しつつあります。労働市場の見方は労働者側からの視点で見るのが一般的であり、雇用環境の改善とは労働者側から見て就職しやすい状況であることを意味します。有効求人倍率とは有効求人数を有効求職者数で除して算出するもので、現在は1.5倍を超しています。以下のグラフで時系列に見ると、平成22年末を境に有効求人倍率は上昇に転じ、雇用環境は働き手の売り手市場へと一変しました。

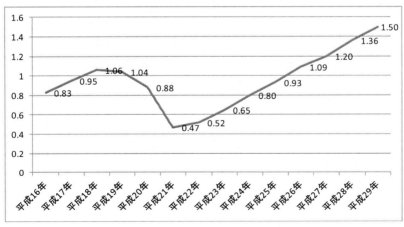

有効求人倍率の推移　　　　（単位：％）

出典：厚生労働省サイト　平成30年発表　一般職業紹介状況について

世の中がそのような雰囲気になると、今まで新卒雇用をしてこなかった企業も、従業員間の世代差が開くことをリスクと捉えて、一斉に、採用に動き出すということがデータで読み取れます。1.5倍と言うと2人の求職者に対して3社が手を上げている状況です。

次に、私の事務所が所属するエリアで見てみます。向日市、長岡京市、大山崎町という京都では乙訓地域と言われるところです。典型的な地方都市であり、阪急とJRの京都線が通るベットタウンです。
京都市中心部までは電車に乗ってしまえば10～20分と比較的都市に近い利便性の高いところです。

乙訓地域の求職数・求人倍率の状況

(単位：人,%)

	向日市		長岡京市		大山崎町	
	29年1月	30年1月	29年1月	30年1月	29年1月	30年1月
有効求人数	705	714	969	858	199	160
有効求職者数	424	640	723	861	81	107
有効求人倍率	1.66	1.12	1.34	1.00	2.46	1.50

出典：京都市七条ハローワーク配布資料より抜粋し著者が作成

有効求人倍率は京都府平均より幾分低いのですが、面白い傾向として全国平均の1.5倍前後の数字となっています。
では、企業にとって雇用の難易度はどの地域でも同じなのでしょうか？
そうではありません。
これがデータの錯覚させるところなのです。
有効求人倍率は分母も分子も所在地で見ており、求職者が実際に勤め先を選ぶという段階になると、居住地か域外かという選択肢が発生します。
地方都市は住宅地のイメージが強く、そこから出来るだけ都市中心部に、そしてできるだけ知名度の高い企業へ、勤めに行くと言うのが一般的傾向となるのです。

また、魅力的な大型商業施設が地域に出来ると、一気に労働力が吸引される傾向もあります。

　最終的に乙訓地域以外へ就職の決定をする求職者も多く、実際にこの地域で就職した数は、<u>平成30年2月で、向日市で13人、長岡京市で38人、大山崎町で3人というような人数</u>となります。これを上の表の有効求人数（人を求めている事業所数）と対比すると眩暈のするような比率になってしまいます。

　この調査、地方ではどこで計算をしてもほぼ同様の結果になります。

　ここで再認識すべきは、御社が求職して本当に日本人が採用できるのかという現実です。

　この現実に目覚めた中小企業から外国人活用を試み、ノウハウと成功事例が出来始めているのです。

　本書では第2章に、外国人受入れSTORYを挟み、その中でもコメンタールとして様々なことを解説しています。STORYでは来日する外国人の気持ちも入れています。

　ここがスムーズに外国人受入れの仕組みを学んでいただくために注力したところです。単なるSUCCESS STORYとならないよう味付けもしたつもりです。

　このSTORYで言いたいことは外国人雇用を志向するということは楽しいことだということです。

　ともすればマスコミはアウトバウンドでもインバウンドでも、外国人関係の仕事は苦行だというイメージをつけたがります。

　果たしてそうなのでしょうか？

　それは、本書の外国人受入れSTORYの章で考えてみてください！

西河　豊

目　次

はじめに　・・・・・・・・・3

第1章　外国人受入れのしくみ　・・・・・・9
　1．はじめに　・・・・・・・10
　2．外国人労働者の全体像　・・・・・13
　3．外国人雇用の捉え方　・・・・・20
　4．技能実習制度の理念としくみ　・・・・・21
　5．外国人の本格受入れへ①「技能実習法」　・・・35
　6．外国人の本格受入れへ②「特定技能」　・・・40

第2章　田尻商事、奮戦中！　・・・・・55
　1．プロローグ　・・・・・・56
　2．プロローグ2　・・・・・57
　3．関西国際空港　・・・・・58
　　コメンタール　外国人入国者の現況　・・・・59
　4．尾行　・・・・・・66
　　コメンタール　渡航費用は？　・・・・・69
　5．西脇市　・・・・・・70
　　コメンタール　在留資格とは　・・・・・71
　6．歓迎会　・・・・・・73
　　コメンタール　Ｃａｓｔ紹介　・・・・・74
　7．田尻商事　・・・・・・75
　8．回想　・・・・・・77
　　コメンタール　技能実習生の現況　・・・・79

9．社員寮　・・・・・・・・・・・・・・・・85
　コメンタール　外国人の寮　・・・・・・・87
10．朝礼　・・・・・・・・・・・・・・・・88
　コメンタール　国民性　・・・・・・・・・89
11．指導計画書　・・・・・・・・・・・・・92
　コメンタール　外国人活用の先進企業　・・94
12．ランニング　・・・・・・・・・・・・・95
13．習熟　・・・・・・・・・・・・・・・・96
　コメンタール　チューター制度　・・・・・97
14．波乱　ファンの失踪　・・・・・・・・100
　コメンタール　失踪とその対策　・・・・106
15．外国人も情報交換している　・・・・・112
　コメンタール　外国人ネットワーク　・・113
16．世間話　ベトナム人技能実習生　・・・114
17．李さんの関係（グワンシ）　・・・・・115
　コメンタール　中国社会における「関係」（グワンシ）　・・119
18．QC活動　・・・・・・・・・・・・・121
　コメンタール　COME　BACK　QC！　・・・・・・・123
19．運動会　・・・・・・・・・・・・・・125
　コメンタール　懇親行事　・・・・・・・127
20．李の失敗　・・・・・・・・・・・・・128
　コメンタール　中国式と日本式　・・・・129
21．しみじみ会話　ファンさん　・・・・・130
　コメンタール　新たな在留資格「特定技能」の問題点　・・・131
22．しみじみ会話　李さん　・・・・・・・134
23．李の独立プラン　・・・・・・・・・・135
24．送別会　・・・・・・・・・・・・・・139
25．ラストシーン　・・・・・・・・・・・142

第3章　外国人の労務管理　・・・・・・・143
　1．基本的な考え方　・・・・・・・144
　2．日本語の問題をどうするか　・・・・・・・146
　3．法令遵守　・・・・・・・151
　4．文化や習慣、タブーを知る　・・・・・・・152
　5．日本人職員の理解を得る　・・・・・・・153
　6．インバウンドをヒントに　・・・・・・・155
　7．外国人と共に働き暮らす社会へ　・・・・・・・156

おわりに　・・・・・・・158

参考資料　外国人雇用公的相談窓口一覧　・・・・・・・160

西河　豊が主に小説を、松本　光正が主に制度の解説を担当いたしました。

第1章　外国人受入れのしくみ

皆さん、こんにちは。

本書の解説部分を担当いたします社労士・行政書士・診断士の松本光正です。外国人雇用を専門に活動しています。

外国人の受入れに興味がある方、あるいは、実際に外国人を受入れている経営者と実務担当者に向けて、外国人を受入れるしくみや外国人の労務管理のポイント等をできるだけわかりやすく解説をさせていただきます。よろしくお願いいたします。

1．はじめに

「いくら募集をかけても問い合わせすらない」

中小企業の経営者から、こうした諦めに似た嘆きを聞くことが、もはや当たり前になりました。

本書の冒頭にもありましたように、人口減少社会に入った我が国で、中小企業の現場における人手不足は深刻です。女性・高齢者・障がい者の活躍を推進し、生産性を向上することに注力してきたものの、人手不足の解消には程遠いのが現状です。

確かに、近い将来、ロボットやAIが我々に代わって労働力を支えてくれる時代が来るでしょう。

しかし、それはいつのことなのでしょうか？　2年、3年で実現する技術もあれば、10年、20年を必要とする技術もあります。少なくともその時までは何とかして労働力を確保しなければなりません。そこで、我が国はいよいよ最後の手段として、外国人労働者に頼るという選択をすることになりました。

外国人労働者の受入れについて、日本政府の方針は一貫して、高度人材や専門的・技術的労働者は受入れたいが、人手不足に対応するための、いわゆる単純労働者は受入れないというものでした。しかしながら、現実に

は技能実習生や留学生という、労働者として受入れられたわけではない外国人の若者たちが、製造や建設、農業、物流、小売といった人手不足の現場において単純労働を担っています。

　そうした中、2017年の技能実習法の制定を機に、時代は外国人の本格受入れへと動き始めました。
　そしてついに2018年12月、政府は深刻な人手不足に対応するため、入管法を改正し、新たな在留資格の創設に踏み切りました。これまで一貫して堅守してきた方針から外国人の本格受入れへと大きく舵を切ったのです。

　注目すべきは、新たな在留資格が技能実習を土台として組み立てられていることにあります。
　技能移転という理念からこれまで原則3年、最長5年で必ず帰国しなければならならなかった技能実習生に、引き続き就労できる道が拓けるのです。新設される「特定技能1号」で最大5年、さらには「特定技能2号」となり計10年滞在すれば、永住権を取得できる可能性すら出てきました。
　そうなれば、<u>技能実習生が、これまでのような帰国を前提とした期間限定の労働力ではなくなります</u>。受入れ側の企業には、今後、<u>長期的な雇用を見据えた管理</u>が求められます。技能実習生であればどんな企業にでも来てくれる、といった時代は過去のものとなるでしょう。

　外国人労働者が人手不足に対応するための最後の手段なのであれば、国、地方自治体、受入れ企業はもちろんのこと、われわれ国民にとっても、外国人に来てもらわないともはやどうしようもない、という覚悟が必要になるのではないでしょうか。
　しかし、外国人労働者を必要としている国は世界中にあり、いまや外国人労働者争奪戦の様相を呈しています。外国人は期間限定の安い労働力といった認識では、見向きもしてもらえなくなるのです。

本書の解説部分では、こうした動きを整理した上で、今後の「外国人の本格受入れ時代」を展望し、あるべき外国人の労務管理の姿を皆さんと一緒に考えていきたいと思います。

2．外国人労働者の全体像

　日本で働く外国人労働者の全体像をご説明したいと思います。
　詳しい解説は後の節にまかせて、とにかく大まかなイメージをつかんでみてください。

　外国人労働者の全体像をご理解いただくために、これまでの枠組み（〜2019.3.31）と、新たな枠組み（2019.4.1〜）に分けてご説明します。

次の図は、これまでの枠組みです。

【これまでの枠組み（2019.3.31〜）】

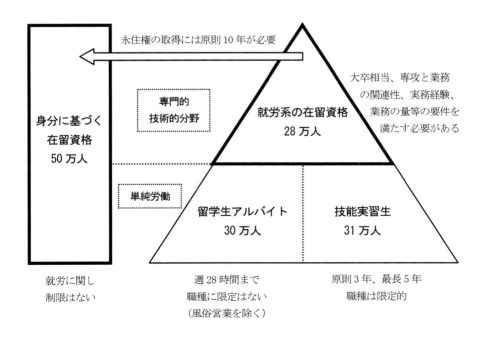

長方形と三角形がありますが、まずは長方形をご覧ください。身分に基づく在留資格を持って、日本で働いている外国人が50万人いるということです。

　在留資格については、後で詳しくお話しますので、ここでは外国人が日本に在留するために必ず持っておかなければならない資格、いわゆる就労ビザや留学ビザ、結婚ビザというものであると思っておいていただいて結構です。

　身分に基づく在留資格には、例えば、すでに永住権を持っている永住者、日本人の配偶者、日系ブラジル人や日系ペルー人等が該当します。つまり、そういう「身分」に対して在留資格が与えられていることになります。そのため、就労に関しては一切制限がありません。日本人と同様にあらゆる職業に就くことができます。

　それでは、三角形に移ります。就労に関して何らかの制限がある方たちです。三角形を上下二つに分けています。上が専門的・技術的分野で、日本が受入れたいという方たちです。下が専門的・技術的分野ではない、いわゆる単純労働と言われる分野で、日本は受入れないとしている方たちです。しかし、実際にはこうした多くの外国人が単純労働に従事しているのです。

　詳しく見ていきましょう。三角形の上部分、太枠で囲われたところ、就労系の在留資格をお持ちの方です。いわゆる就労ビザです。この就労系の在留資格を取得するのには、高いハードルをクリアしなければなりません。取得するのはなかなか難しいです。
　例えば、三角形の右にあるように、大卒相当でなければならず、しかも大学等での専攻と企業における業務に関連性がなければならないというよ

うな要件があります。この関連性を証明するのが難しいのです。
　また、大卒相当でないなら、実務経験が10年必要です。
　そして、その方がフルタイムで取り組むだけの業務量があることも証明しなければなりません。十分な業務量がないということは、その方が行うべき業務以外の単純作業に従事させるのではないか、と判断されてしまうからです。
　就労系の在留資格取得のハードルの高さを実感いただけたと思います。

　三角形の上部から長方形に向かって細い矢印が出ています。これは、就労系の在留資格で原則10年在留すれば、永住権を取得できる可能性があるということです。永住権を得て、三角形から長方形に移ることができたなら、どんな職業に就くこともできるようになりますから、就労についての心配は一切なくなるのです。

　三角形の下部分に移ります。単純労働については、日本は労働者を受入れていないのですから、この部分に外国人がいること自体がおかしいのです。しかしながら、実際にはこうした留学生アルバイトや技能実習生といった若者が単純労働を担ってくれているのが現状です。もちろん長方形部分にいる方はどんな仕事もできるので、こうした方々が単純労働に就かれることは全く問題ありません。

　まず左側の留学生アルバイトについて見ていきます。留学生は、もちろん労働するためではなく、学業のために在留資格が下りている方々です。しかしながら、学費や生活費もたいへんでしょうからアルバイトをすることは認めましょう、ということになっています。学業に影響のないよう、週28時間までという制限があります。そのため、学業に影響のない夏休み等の長期休暇中は一日8時間まで認められています。
　一方、あくまでアルバイトであるので、従事できる職種に限定はありま

せん。

　皆さんがよく見かけるコンビニや居酒屋でアルバイトをしている外国人の若者は、ほとんどが留学生のアルバイトです。ただし、風俗営業にだけは従事できません。水商売やパチンコ屋、ゲームセンター等がそれです。

　最後に、右側の技能実習生です。技能実習生とは読んで字のごとく、技能を実習するために在留資格が下りている方々です。決して労働するためではありません。目的はあくまで技能を学ぶことで、その手段として単純労働にも従事しているということです。

　在留期間は原則3年、最大5年です。職種は限定的です。なぜならこの制度は、日本で学んだ技能を持ち帰ってもらって本国の発展に活かしてもらおうというものであり、その技能というのは、当然、本国で必要とされている技能でなければならないからです。

次に、新たな枠組みに移りましょう。

【新たな枠組み（2019.4.1～）】

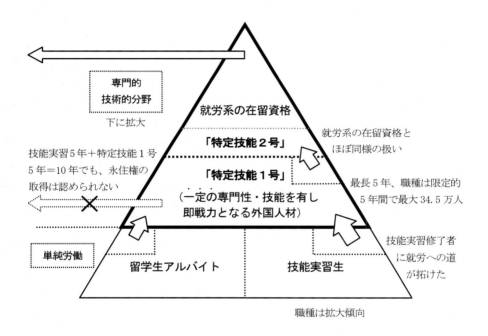

さて、これまでの枠組みからどこが変わったでしょうか？

まず目につくのは真ん中に「特定技能1号」と「特定技能2号」が入ってきたところでしょう。「特定技能1号」とは、その下に書いてある通り、一定の専門性・技能を有し即戦力となる外国人材のことを言います。人手不足に対応するためには、専門性・技能が一定のレベルでも良いので、それらを有する外国人は受入れることにしようということになったのです。

つまり、太枠の三角形の部分がこれまでより下に広がったということになります。専門的・技術的分野の外国人の受入れが拡大されたのです。報道等でよく、「単純労働分野の外国人受入れを決定！」とか、「単純労働者として外国人がやってくる」といった表現がありますが、あれは正確ではありません。もちろん、書いているほうは理解した上であえてそういう表現を用いているのでしょうが。

　これは、同じものを上から見るか、下から見るかの違いに過ぎないのですが、私は重要なポイントだと考えています。なぜなら、今回の受入れが、「現行の受入れ制度を拡張するもの」（山下法相）であり、単純労働での受入れを認めたものではないということは、いずれこの先、単純労働での受入れを認める時が来る、ということだからです。「特定技能1号」は、今後5年間で最大34.5万人を受入れることになっていますが、単純労働での受入れを認めたならば、そんな数字ではすみません。

　これは余談ですが、一部には「外国人1,000万人構想」というものもあります。これは、日本の人口が1億人を切っていいのか、という危機感から来るもので、若い外国人に日本に来てもらい家庭を持ち、子どもをもうけてもらうことで、人口を維持すると同時に、日本経済を下支えしてもらおう、という考え方です。一部にはそれくらいの規模が適正と考える方もいるということは頭の片隅に置いておくべきでしょう。
　外国人の本格受入れ時代はまだまだほんの序章に過ぎないということです。

　話を戻します。
　右下の技能実習生から特定技能1号に矢印が出ています。これは、技能実習を3年修了すれば、特定技能1号に上がってさらに就労し続けることができるということです。これまで修了後100%帰国しなければならなかった技能実習生に、引き続き日本に滞在することができる道が拓けたので

す。

　ここでひとつの疑問が出てきます。
　先ほど、就労系の在留資格で原則10年在留すれば、永住権を取得できる可能性があるということでした。そうすると、技能実習は最大5年で、同じく特定技能1号も最大5年なので、5年＋5年＝10年ということになり、永住権を取得できるのではないか、という疑問です。
　それが、特定技能1号の左から出ている矢印なのですが、これには×がついています。今回、これでは永住権の取得はできないということになりました。国民の移民アレルギーへの配慮であると思われます。

　左下の留学生アルバイトについても、試験に合格すれば、特定技能1号として引き続き就労できることができるようになりました。

　では、「特定技能2号」とは何でしょうか。
　これは、その上の就労系の在留資格とほぼ同じものと考えていただいて結構です。
　それだけに特定技能2号を取得することは、非常にハードルが高くなっています。特定技能1号で5年就労すれば、特定技能2号に上がれるという安易なものでは全くありません。
　ただ、特定技能2号となれば、一番上の矢印を通って、永住権を取得することも可能になります。

　ということは、まだまだ迂遠で細いルートではありますが、右下の技能実習からずっと上に上がり、一番上の矢印を通って永住権を取得し、左の長方形へとつながったと言えます。

　以上が、外国人労働者の全体像の解説です。

3．外国人雇用の捉え方

外国人雇用は複雑で難しい、と思っている方が多いですが、恐れることはありません。原則は、日本人雇用と同じだからです。労働関係法令も同様に適用されますし、税金、社会保険等についても同じです。

ただ、注意いただきたい点が3つあります。

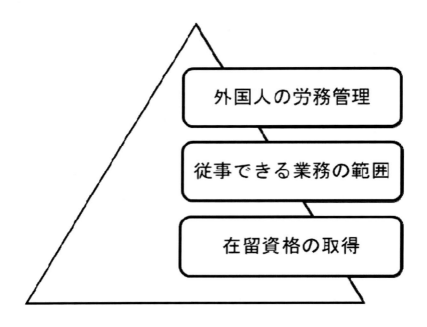

一番下から、在留資格の取得です。

外国人が日本に在留するには、前節で述べたように在留資格が必要です。この点をいい加減にしていると、外国人本人は不法就労となりますし、雇用している側も不法就労助長罪に問われてしまいます。

次に、従事できる業務の範囲です。外国人が取得している在留資格ごとにできる仕事が決まっています。決められた範囲を超えて仕事をさせているということも、不法就労助長罪になってしまいます。

　最後に、外国人の労務管理です。外国人特有の労務管理のポイントについては、STORYの後の第3章で、私の経験に基づいてアドバイスしておりますので、是非ご覧ください。

　なお、雇用の形態についても、原則は日本人と同じで、直接雇用契約を結べば良いということになっています。
　ただし、次節で詳しく説明する技能実習だけは例外で、就労が目的ではない制度であるため、様々な要件が加わっています。
　技能実習が中小企業における外国人雇用の多くを占めていることから、外国人雇用そのものが特殊であると感じてしまっているのです。

　新しく創設された特定技能はどうかというと、原則は就労ビザ等と同様で、直接雇用契約を結べば良いのですが、技能実習における過去の教訓と、これからの外国人との共生を見据えて、1号特定技能外国人（特定技能1号で就労する外国人のこと。特定技能2号は含まない）に対して、「支援」が求められることになったため、実際の運用は、技能実習にかなり近づいているという状況です。

4．技能実習制度の理念としくみ

　ここからは、現在、中小企業の現場を支えていると言ってもよい技能実習生について詳しく見ていきます。
　技能実習制度とはいったいどういうしくみになっているのでしょうか？
　この制度について、さまざまな問題点が指摘されていることは皆さんも

ご存じのことと思います。

　その原因を一言で言うと、制度の理念と現実の運用が大きく乖離してしまっていること、になります。

　本節では、理念と現実の両面から解説をいたします。

　まずは、技能実習制度の理念としくみについてです。

(1) 技能実習制度の理念

　では、技能実習制度の理念から見ていきます。

　現実の運用さえ知っていれば、日々の実務は回っていくじゃないか、というのは誤りです。制度というのは、理念に基づいて設計されています。制度に違反していると指摘され、ペナルティを課されないためにも、常に理念は心に留めておかねばなりません。

　技能実習制度は、我が国で培われた<u>技能</u>、技術又は知識の開発途上地域等への<u>移転</u>を図り、当該開発途上地域等の経済発展を担う「人づくり」に寄与することを目的として創設された制度です。

　技能実習法には、技能実習制度が、このような<u>国際協力</u>という制度の趣旨・目的に反して、<u>国内の人手不足を補う安価な労働力の確保等として使われることのないよう</u>、基本理念として、技能実習は、
① 技能等の適正な修得、習熟又は熟達のために整備され、かつ、技能実習生が技能実習に専念できるようにその保護を図る体制が確立された環境で行わなければならないこと
② 労働力の需給の調整の手段として行われてはならないこと
が定められています。

出典：OTIT　外国人技能実習機構 Web サイト

重要な点に下線を引いておきました。

　この制度は、開発途上国が必要としている技能について、日本に来てそれらを実習してもらい、本国のそれぞれの職場に持ち帰ってもらい、広めてもらおうというものです。そうすることで、その企業が発展し、ひいてはその国の発展に寄与できるという、国際協力の制度だということです。

　日本の人手不足を補うための制度ではないということが強調されています。

(2) 技能実習制度のしくみ

　外国人を雇用する場合、確かに在留資格という問題はありますが、それを除けば、基本的には、日本人を雇用するのとそれほど変わるものではありません。就労ビザや新しくできた特定技能においても、企業と外国人が直接、雇用契約を結べばそれで良いのです。

　しかし、技能実習は違います。国際協力のための制度でもあることからやや複雑なしくみになっています。技能実習は特殊であると思って下さい。

　技能実習制度には、企業単独型と団体監理型というものがあります。

　ただ、企業単独型は一部の大企業が活用しているにすぎず、全体の96.4％が団体監理型となっていますので、ここでは、団体監理型のしくみをご説明します。

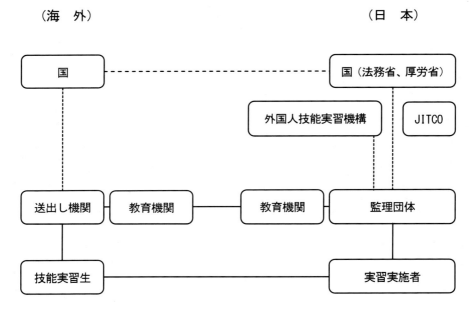

　この図を使ってしくみと技能実習生受入れまでの流れを説明していきます。右半分が日本側で、左半分が海外側です。

　まず、右下の実習実施者、つまり受入れ企業からです。技能実習生を受入れたい企業が、直接海外の技能実習生とコンタクトを取って、受入れることはできません。必ず図の上にある監理団体を通さなければなりません。
　監理団体とは、主に事業協同組合（以下、組合）が担っていることが多いです。
　そこで、技能実習生を受入れたい企業が、組合に連絡するところから始まります。技能実習制度は、職種が限定されていますので、組合は、その企業の職種が技能実習制度の対象職種になっているかを確認します。

職種に問題がなければ、多くの場合、受入れ企業の社長と組合の担当者が、現地の送出し機関に面接に行きます。
　送出し機関にはたくさんの技能実習生候補者が登録しています。面接の他に実技試験や筆記試験を実施する企業もあります。
　そして、めでたく合格した面接参加者が受入れ企業と雇用契約を結びます。

　技能実習生はすぐに日本へ行くことはできません。まずは現地の日本語教育機関にて、日本語や日本の職業文化等を学びます。期間は、中国の場合はたいてい3～4か月ですが、漢字も学習しなければならないベトナム等では6か月くらい必要です。
　その間に、日本側の組合と受入れ企業で、技能実習生が入国するために必要な書類を作成します。それらを、外国人技能実習機構や入管に提出し、許可が下りれば、書類を送出し機関に送ります。技能実習生はパスポートとその書類をもって現地の日本大使館等へ行き、ビザを取得します。

　そうして、いよいよ日本に入国します。ただ、すぐに受入れ企業に行くのではなく、少なくとも1か月は日本側の教育機関にて、日本語を勉強しながら、日本での生活に必要な知識についても学びます。組合が自分のところの研修施設で行うこともあれば、日本語学校に委託することもあります。それが終われば、ようやく受入れ企業へと配属され、原則の3年間であれば、残りの2年11か月にわたり技能実習を行います。

(3) 技能実習制度の概要
　制度の概要を簡単にご説明します。

①受入れ期間
　受入れることができる期間は原則3年です。

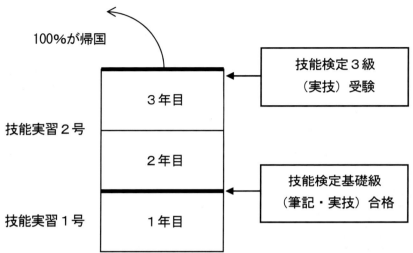

　図のように、1年目を修了する前に、技能検定基礎級の筆記と実技試験を受験し、合格する必要があります。合格できなければ、2年目に上がることはできず帰国しなければなりません。
　また、帰国前に技能検定3級の実技試験を受験しなければなりません。

②受入れ可能人数
　受入れることができる人数には限りがあります。
　先ほどの理念にもあったように、本制度の趣旨は技能移転です。技能実習生があまりに多いと、技能を移転することが難しくなるということが理由です。

常勤職員総数	年間受入れ可能人数
３０人以下	３人
４０人以下	４人
５０人以下	５人
１００人以下	６人
２００人以下	１０人
３００人以下	１５人
３０１人以上	常勤職員総数の５％

　年間受入れ可能人数ですから、先ほどの図の一つの枠に入る人数ということです。つまり常勤職員総数30人以下の企業で、毎年3人ずつ受入れるのであれば、最大、3人×3年＝9人、までということになります。

③受入れ可能職種
　前提としてお話しておきたいのは、1年に限った受入れ（技能実習1号のみ）であれば、基本的に職種には限定はありません。つまり2年目（技能実習2号）に移行できないということです。
　しかし、これはあまりおすすめできません。1年では技能を十分に学ぶことができないことはもちろん、受入れ企業側も毎年、新たな技能実習生を受入れることによる、教育、管理等がたいへんになるからです。
　何よりも、現実問題として、技能実習生にとってはたった1年しか稼げないため、それでは来日時の借金を返すと何も残らないということになります。だったら失踪して、別の職場で稼ぐしかない、という事態にすら発展しかねません。

ここでは、技能実習2号へ移行でき、3年間の受入れができる職種（移行対象職種）についてお話します。

　受入れ可能職種は限定されています。
　これも、技能移転という趣旨から、送り出し国のニーズがあり、公的な技能評価制度が整備されている、80職種144作業（2019. 2. 8現在）に限定されています。下記の一覧表を参照してください。

　そもそも送り出し国側にその技能に対するニーズがないのなら、移転する意味がありません。
　きちんと技能が移転できているのかチェックするため、日本側の公的な技能評価制度が整備されていることも必要です。これには、主に国の技能検定が利用されています。技能検定に、該当する科目がないのであれば、業界団体が一致団結して、技能検定に相当するような試験制度を作らなければならないことになっています。

　製造業、建設業、農業、漁業が中心になっているのがわかりますが、近年、移行対象職種はどんどん拡大しています。2017年11月には、初めての対人サービス業である、介護が入りました。

技能実習制度 移行対象職種・作業一覧 (平成31年2月8日時点 80職種144作業)

1 農業関係 (2職種6作業)

職種名	作業名
耕種農業●	施設園芸／畑作・野菜／果樹
畜産農業●	養豚／養鶏／酪農

2 漁業関係 (2職種9作業)

職種名	作業名
漁船漁業●	かつお一本釣り漁業／延縄漁業／いか釣り漁業／まき網漁業／ひき網漁業／刺し網漁業／定置網漁業／かに・えびかご漁業
養殖業●	ほたてがい・まがき養殖作業

3 建設関係 (22職種33作業)

職種名	作業名
さく井	パーカッション式さく井工事／ロータリー式さく井工事
建築板金	ダクト板金／内外装板金
冷凍空気調和機器施工	冷凍空気調和機器施工
建具製作	木製建具手加工
建築大工	大工工事
型枠施工	型枠工事
鉄筋施工	鉄筋組立て
とび	とび
石材施工	石材加工／石張り
タイル張り	タイル張り
かわらぶき	かわらぶき
左官	左官
配管	建築配管／プラント配管
熱絶縁施工	保温保冷工事
内装仕上げ施工	プラスチック系床仕上げ工事／カーペット系床仕上げ工事／鋼製下地工事／ボード仕上げ工事／カーテン工事
サッシ施工	ビル用サッシ施工
防水施工	シーリング防水工事
コンクリート圧送施工	コンクリート圧送工事
ウェルポイント施工	ウェルポイント工事
表装	壁装
建設機械施工●	押土・整地／積込み／掘削／締固め
築炉	築炉

4 食品製造関係 (11職種16作業)

職種名	作業名
缶詰巻締●	缶詰巻締
食鳥処理加工業●	食鳥処理加工
加熱性水産加工食品製造業	節類製造／加熱乾製品製造／調味加工品製造／くん製品製造
非加熱性水産加工食品製造業	塩蔵品製造／乾製品製造／発酵食品製造
水産練り製品製造	かまぼこ製品製造
牛豚食肉処理加工業	牛豚部分肉製造
ハム・ソーセージ・ベーコン製造	ハム・ソーセージ・ベーコン製造
パン製造	パン製造
そう菜製造業	そう菜加工
農産物漬物製造業△	農産物漬物製造
医療・福祉施設給食製造△	医療・福祉施設給食製造

5 繊維・衣服関係 (13職種22作業)

職種名	作業名
紡績運転△	前紡工程／精紡工程／巻糸工程／合ねん糸工程
織布運転△	準備工程／製織工程／仕上工程
染色	糸浸染／織物・ニット浸染
ニット製品製造	靴下製造／丸編みニット製造
たて編ニット生地製造△	たて編ニット生地製造
婦人子供服製造	婦人子供既製服縫製
紳士服製造	紳士既製服製造
下着類製造	下着類製造
寝具製作	寝具製作
カーペット製造△	織じゅうたん製造／タフテッドカーペット製造／ニードルパンチカーペット製造
帆布製品製造	帆布製品製造
布はく縫製	ワイシャツ製造
座席シート縫製●	自動車シート縫製

6 機械・金属関係 (15職種29作業)

職種名	作業名
鋳造	鋳鉄鋳物鋳造／非鉄金属鋳物鋳造
鍛造	ハンマ型鍛造／プレス型鍛造
ダイカスト	ホットチャンバダイカスト／コールドチャンバダイカスト
機械加工	普通旋盤／フライス盤／数値制御旋盤／マシニングセンタ
金属プレス加工	金属プレス
鉄工	構造物鉄工
工場板金	機械板金
めっき	電気めっき／溶融亜鉛めっき
アルミニウム陽極酸化処理	陽極酸化処理
仕上げ	治工具仕上げ／金型仕上げ／機械組立仕上げ
機械検査	機械検査
機械保全	機械系保全
電子機器組立て	電子機器組立て
電気機器組立て	回転電機組立て／変圧器組立て／配電盤・制御盤組立て／開閉制御器具組立て／回転電機巻線製作
プリント配線板製造	プリント配線板設計／プリント配線板製造

7 その他 (11職種26作業)

職種名	作業名
家具製作	家具手加工
印刷	オフセット印刷
製本	製本
プラスチック成形	圧縮成形／射出成形／インフレーション成形／ブロー成形
強化プラスチック成形	手積み積層成形
塗装	建築塗装／金属塗装／鋼橋塗装／噴霧塗装
溶接	手溶接／半自動溶接
工業包装	工業包装
紙器・段ボール箱製造	印刷箱打抜き／印刷箱製箱／貼箱製造／段ボール箱製造
陶磁器工業製品製造△	機械ろくろ成形／圧力鋳込み成形／パッド印刷
自動車整備●	自動車整備
ビルクリーニング	ビルクリーニング
介護	介護
リネンサプライ△	リネンサプライ仕上げ

社内検定型の職種・作業 (1職種3作業)

職種名	作業名
空港グランドハンドリング●	航空機地上支援／航空貨物取扱／客室清掃△

(注1) ●の職種：「技能実習評価試験の整備等に関する専門家会議」による確認の上、人材開発統括官が認定した職種

(注2) △の職種・作業は2号まで実習可能。

29

④問題点
　ここで、制度上の問題点を2つお話しいたします。

1)技能実習生は原則、職場を変わることができない
　これもまた、技能移転という趣旨から、一つのところでしっかりと技能を学んで移転してもらわなければならないということになっているからです。その企業の職場環境が、報道されているような、わずかな残業代しか払わないような劣悪なものであっても3年間、我慢し続けなければならないことになります。技能実習生の失踪が増加している理由の一端はここにあります。
　強調しておきたいのは、技能実習生を受入れる企業の責任はそれだけ重いということです。なぜなら、技能実習生から転職の自由を奪っているともいえるからです。受入れ企業と技能実習生双方にとって3年間が有益なものとなるよう、事前に立てた計画に基づき、制度に則り、適正に運営する責任があるのです。

2)技能実習生には、企業選択の自由がほとんどない
　技能実習希望者は日本へ行くため、送出し機関に登録をしています。面接のチャンスがくれば、送り出し機関から連絡があり、面接に参加し、見事合格すれば、日本語を学習して、日本へ行きます。
　ただ多くの技能実習生は、とにかく日本へ行き稼ぐことが第一目的であるため、その受入れ企業が、どういった企業であるかについて情報収集することなく、面接に参加しています。
　合格した技能実習生に聞いても、社名と職種、大体の場所くらいしか知りません。
　送出し機関にとって、監理団体やすでにその企業で実習している技能実習生を通じて、企業の情報を収集することは難しいことではありません。送出し機関にはそれらを面接参加希望者に提供することで、雇用のミスマ

ッチを防ぐ義務があるはずです。

(4)技能実習制度の現実
　技能実習制度の理念とそれに基づく制度のしくみを見てきました。
　しかし、現実は理念からは大きくかけ離れた運用がなされています。ここでは、技能実習制度の現実、現場の本音を見てまいります。
　技能実習制度の現実、それは「出稼ぎ」以外の何ものでもありません。
　送出し機関、技能実習生、受入れ企業それぞれの本音を見ていくことにしましょう。

①送出し機関
　送出し機関は、送出し国の中でも都市部に事務所があることが多いのですが、地方や農村に出張所や関係先の窓口を持っていることもあります。

そこに掲げられている看板には、たいてい「**出国劳务**」「xuất khẩu lao động（出口労働）」の文字が書かれています。どちらも、中国語とベトナム語で「海外出稼ぎ」の意味です。

　日本への送出しを専門に扱っている会社もあれば、世界各国へ労働者を送出している会社もあります。そうした事務所には、世界各国の外国人労働者の募集要項が貼り出されています。海外へ出稼ぎに行きたいと思う人たちは、それらを見て比較検討しているのですが、日本について、労働者ではなくあくまでも技能実習生である、ということは触れられていません。
　送出し機関が、募集段階で日本の技能実習制度とは何か、といったことを全く説明していないため、技能実習生はそれを知るよしもないのです。

　次に、技能実習生は面接に合格すると、送出し機関にさまざまな手数料を支払わなければなりません。ベトナムを例にとると、国からの通知で３

年契約の場合は3,600USドル(約40万円)以下と決められているのですが、実際の負担額はそれを大きく超えていることが多くなっています。

　さらには、保証金を納めるよう求められることもあります。日本でのトラブルや失踪防止が目的です。3年間を無事に修了して帰国すれば全額返金するものの、トラブルや失踪があれば、没収することもあり得るというお金です。保証金の徴収は違法であり、最近は取り締まりが厳しくなっていることから少なくなってきているものの完全にはなくなっていません。

　日本語の事前教育費なども含めると、たいていの技能実習生は計80〜200万円ほどの金額を用意しなければなりません。それらはほぼすべてが銀行や親族、友人からの借金で賄われているのです。
　もちろん金利もかさみますから、技能実習生は来日後、とにかく早く送金して返済に充てたいと考えます。給料が入るのを待っていられないので、同僚の先輩技能実習生に借金して送金することもよくあります。ただ、借用書等を作成することは稀なので、注意が必要です。金銭トラブルに発展しないよう、少なくとも借用書くらいは作成するよう指導すべきです。

　最後に、送出し機関の責務として帰国後の技能実習生が、技能を移転しているかについてフォローアップする必要がありますが、そこまでやっている送出し機関はほとんどないといって良いでしょう。

②技能実習生
　技能実習生は、多くが田舎の農村出身の青年です。親戚や同じ村の先輩が日本から帰ってきて家を建てたという話を聞いて、どうせ出稼ぎに行くのなら日本に行ってみようと思い、送出し機関の事務所を訪ねます。

　面接の際「どうして日本へ行こうと思ったのですか」と質問すると、まずは、形式的に「日本の進んだ技術を学びたい」という答えが返ってきま

す。これは、面接の前に送出し機関がガイダンスを行い、こう答えるように教えているからです。

　続けて、本音の部分として「将来小さなビジネスを始めたい（服屋、食堂、携帯電話販売、オンラインショップ等）」、「両親に家を建ててあげたい」「結婚のためにお金がいる」「子供を将来大学に入れたい」という答えが返ってきます。

　また本来は、日本で技能実習する職種・作業について、面接時現在、現地の企業で同じ作業を行っていることが前提なのですが、全くの未経験者であることが普通です。

　このような技能実習生も金銭面においては、もちろん事前に自分なりの計画を立てています。例えば、100万円借金をしたけれども、日本で3年働いて300万円貯めると、差し引き200万円が残る、という様なものです。

　よって、技能実習生の最大の関心事は、時間外手当の付く「残業」がどれだけできるのか、ということになります。月60時間、80時間、100時間と多ければ多いほど良い会社なのです。

　入国後すぐにスマートフォンを購入し、インターネット上で同郷の技能実習生と繋がり、情報交換を繰り返しています。他社は残業が何時間ある、なのになぜ自分の会社は残業が少ないのか、といった不満がたまっていきます。しかも、その判断基準である他社とは、仲間の中で一番残業の多い会社なのですから、まず間違いなく不満をため込むことになります。

　こうした考え方は、現在、国を挙げて取り組んでいる働き方改革と真逆の発想といえます。長時間労働の是正という点では、会社と技能実習生の価値観が真っ向からぶつかることになります。ワークライフバランスは帰国してから考えるので、今はとにかく稼がせて欲しいというのが技能実習生の本音です。

最後に、帰国後は日本で学んだ技能を移転してもらわなければならないのですが、全く違った職業に就く等、学んだ技能を活かせていない人が多くいます。国によっては、そもそも母国には活かすことのできる職場がほとんどない、という制度の根幹にかかわるような職種もあります。
　送出し機関の職員や教育機関の日本語教師になる人、さらには他国に出稼ぎに行く人もいます。

③受入れ企業
　受入れ企業は、とにかく人手不足で、いくら募集をかけても人が集まらないし、仮に採用できてもすぐに辞めてしまうという状況に悩んでいます。
　そんな中、技能実習生なら3年間は辞めないし、残業や休日出勤も喜んでやってくれる、という話を聞きます。外国人だから給料も安くていいのだろう、と考え、受入れに踏み切ります。
　しかし、少なくとも外国人は安い労働力であるというのは誤りです。現在は、技能実習生に限らず、日本で働くすべての外国人が「日本人と同等額以上の報酬を得ること」が在留資格取得の要件になっています。これを証明する書面を出さないと、在留資格が下りないのです。
　その上、組合の監理費・会費、送出し機関の送出し監理費、ブローカーの取り分、渡航費、寮費の負担、技能検定料等、日本人にはない様々な費用がかかります。つまり、日本人より高くなるのです。

　結局、全然安くない、3年間ではやっと戦力になってきたと思ったら帰国してしまう、毎年新人を教育しなければならない等の理由から、受入れを止めてしまう企業もあります。
　こうした現実に対応するために、新たな法律が制定されました。それが、次節で説明する「技能実習法」です。

５．外国人の本格受入れへ①「技能実習法」

2017年11月に、技能実習制度に関する新しい法律「技能実習法」が施行されました。
ここでは、その内容を簡単に説明したいと思います。

技能実習法の、正式名称は、「外国人の技能実習の適正な実施及び技能実習生の保護に関する法律」です。
この名称から分かるように、今後は技能実習制度が適正に運営されるように厳しく監督していきます、それによって様々なトラブルから技能実習生を守ります、という内容です。
この法律は、アメとムチの両面を持っています。まずは、ムチの方からご紹介します。

まず何より、外国人技能実習機構（以下、機構）という専門機関の設立です。これまで技能実習制度の監督に関しては入管が行ってきましたが、入管には本来の業務である在留資格の認定に集中してもらい、その他の監督業務は外国人技能実習機構に任せようというものです。
申請書類関係でいうと、入管に在留資格の申請をする前に、まず機構に技能実習生ひとりひとりの技能実習計画を認定してもらわなければならなくなりました。

当然、監督も強化されます。監理団体には毎年、受入れ企業にも3年に1回は、事前連絡なしに監査が行われます。複数の機構の職員が、ある日突然やって来て、あらゆる書類をチェックし、実際の技能実習の現場へも足を運び、技能実習計画と異なる作業をしていないかを確認します。
2019年1月、大手自動車メーカーと大手家電メーカーが、こうした監査により、技能実習計画の認定を取り消されました。今後5年間は、技能実

習生の受入れができなくなります。また、新しい在留資格「特定技能」の外国人も同じ期間受入れられないと見られています。

　さらに、監理団体を許可制とし、既存のすべての監理団体も、許可申請をしなければならなくなりました。いい加減な監理をしている団体や事実上活動していない団体を排除する目的です。
　同時に、監理団体には、外部役員もしくは外部監査人を設置することが義務付けられました。監理団体が責任をもって受入れ企業を監査しているかをチェックする役割です。

　アメも用意されています。これがなかなかすごい内容です。
　まずは、小規模の企業に対して、単純に受入れ枠が拡大されました。
　これまでは、常勤職員総数50人以下の企業では年間3人までの受入れでした。
　30人以下の企業は年間3人までと変わりませんが、40人以下の企業なら年間4人まで、50人以下の企業なら年間5人まで認められるようになりました。

　目玉として、監理団体と受入れ企業それぞれに対して優良認定制度ができました。技能検定の合格率や共生への取組み等それぞれにポイントが振られていて、一定のポイントをクリアすれば優良団体、優良企業と認めてもらえます。
　そして、監理団体と受入れ企業がどちらも優良である場合は、なんと受入れ枠がこれまでの2倍まで認められるというものです。しかも受入れ期間を3年から5年に延長できるのです。
　例えば、日本人常勤従業員数6人の会社では、これまで技能実習生を最大3人×3年＝9人までしか受入れることができませんでしたが、理論上は、6人×5年＝30人まで受入れることができるようになりました。

実際そこまで受入れる会社があるかどうかわかりませんが、いかに優良企業といっても、本当に技能移転ができるのだろうかという疑問は残ります。

　納期前のある朝、突然、技能実習生全員が来なくなり、慌てて寮に向かうと、残業時間を増やすか、賃金を上げるか、どちらかを実現してくれないのなら我々は仕事をしない、などという要求を突き付けられたらと思うとぞっとするものがあります。

技能実習、最長5年モデル図

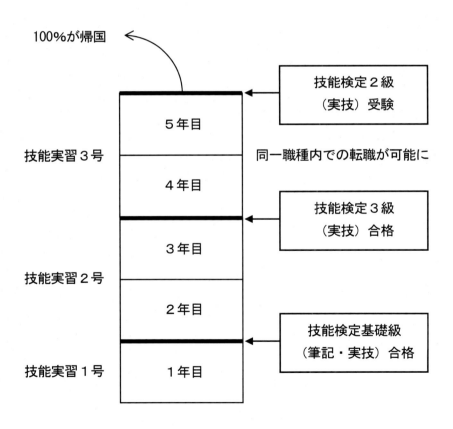

この最長5年モデルでは、4年目と5年目では、同一職種内であれば転職が可能になりました。
　そして、最後に技能検定2級の実技試験を受験して帰国となります。この段階ではまだ、技能移転という理念に従って100％帰国していただくことに変わりはありません。

　さて、技能実習制度に関するお話はここまでになりますので、最後に、ひとつ構造的な問題を指摘しておきます。

　技能実習生と受入れ企業の関係は、本来、単なる2者間の雇用契約関係に過ぎません。しかし技能移転・国際協力という制度理念を実現するために、送出し機関や監理団体が介在しなければならなくなっています。そこには当然手数料や監理費といったものが発生します。負担するのは技能実習生と受入れ企業です。
　では、この4者の力関係はどうなっているでしょうか。やはり受入れ企業がお客様として一番力が強いのです。送出し機関や監理団体に監理費を支払っている上に、技能実習生には給料を支払っているからです。
　そして、その受入れ企業を組合員として傘下に持っている監理団体が二番目です。
　監理団体に技能実習生を送り出すことで収益を得ている送出し機関が三番目です。
　そして、とにかく日本に行って働きたい技能実習生が四番目、最も弱い立場です。

　こうした構造になっているため、送出し機関は、監理団体や受入れ企業に営業攻勢をかけ「面接の際の滞在費、食費、遊興費は当方で負担します」というところや、「いや渡航費まですべて負担します」というところもあり

ます。さらには、監理団体に対して「技能実習生一人につき10万円をキックバックします。送出し監理費も0円で結構です。受入れ企業から受け取った送出し監理費は監理団体のものにしていただいて結構です」というところまで存在します。

　これらの費用はいったいどこから出ているのでしょうか？

　そうです。最終的には一番立場の弱い技能実習生の負担になっているのです。

　この4者以外にも、それぞれの間にブローカーが介在し、仲介料を取ったりする場合もあります。もちろんこれらも間接的に技能実習生の負担になります。

　こうした現状を踏まえ、我々専門家は、受入れ企業と技能実習生のサポートを行う際に、この最も弱い立場の技能実習生をなんとかして守るということが使命だと考えています。
　もちろん、労使を対立関係ととらえて技能実習生の立場に立つ、ということではありません。日頃から培った受入れ企業との信頼関係の下、企業に適正な受入れをお願いしたり、不必要なトラブルを未然に防いだりすることで、間接的に技能実習生を守るということです。

　ただ、現在世界的に外国人労働者の争奪戦が行われています。今後、外国人労働者が不足するようなことになれば、こうした力関係が逆転することも十分考えられます。

6．外国人の本格受入れへ②「特定技能」

　2018年12月8日、改正入管法が可決され、新たな在留資格「特定技能」が創設されました。この頃、毎日のように外国人材受入れのニュースが、テレビや新聞をにぎわせていました。これにより、多くの日本人がいよいよ外国人の本格受入れ時代がやってくるのか、と実感したことだと思います。
　2019年3月15日には、具体的内容を定めた政省令も公布されました。
　そして2019年4月1日に、改正入管法が政省令とともに施行されたのです。

(1) 全体の構造
　それでは、次のモデル図を見ながら、新たな在留資格「特定技能」について説明していきます。

技能実習 → 特定技能１号 → 特定技能２号　モデル図

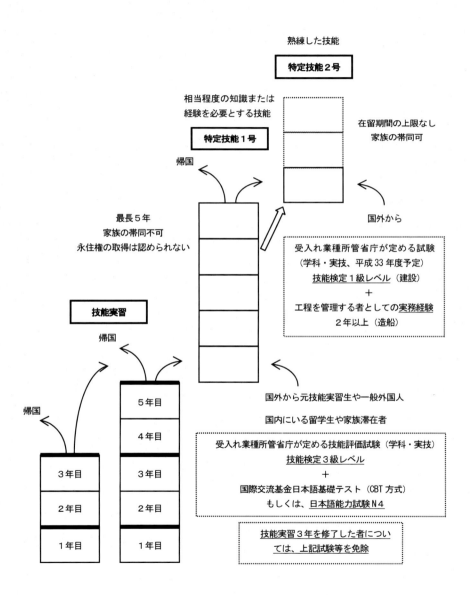

まずは、左下の技能実習です。これまでは、原則3年、最長5年を修了した技能実習生は100％帰国して、本国に技能を移転してもらうということでした。しかし、こうした技能実習生が、特定技能1号となり引き続き最長5年、就労することができるようになりました。

　では、真ん中の特定技能1号です。まず特定技能1号の枠囲みの上をご覧ください。特定技能1号の技能レベルは、相当程度の知識または経験を必要とする技能です。
　この技能レベルをどうやって測定するのかですが、右下の枠囲みをご覧ください。特定技能1号となるには、2種類の試験に合格する必要があります。技能の試験と日本語の試験です。

　技能の試験は、業種によって少し違いはありますが、学科と実技の試験が準備されています。そのレベルは、技能検定の3級レベルです。これは、技能実習の3年目を終えた技能実習生が受験しなければならないものでした。

　そして、日本語の試験は、新たに開発されたCBT方式（受験者それぞれがパソコンを使って解答する方式）の国際交流基金日本語基礎テストか、日本語能力試験のN4に合格する必要があります。
　N4とは、日本語で最低限のコミュニケーションが取れるレベルです。それでも、一から学習を始めて、漢字を使っている中国人でも半年程度、そうでないベトナム人等では9か月くらい必要です。
　レベルの目安は次頁の表を参照してください。

日本語能力試験　認定の目安

レベル	2009年迄	認 定 の 目 安
N1	1級	幅広い場面で使われる日本語を理解することができる
N2	2級	日常的な場面で使われる日本語の理解に加え、より幅広い場面で使われる日本語をある程度理解することができる
N3		日常的な場面で使われる日本語をある程度理解することができる
N4	3級	基本的な日本語を理解することができる
N5	4級	基本的な日本語をある程度理解することができる

Nとは、Nihongo、New を表す

　その下の枠囲みですが、技能実習3年を修了した技能実習生は、技能と日本語、両方の試験が免除されます。すでに技能実習3年を修了して、帰国済みの技能実習生も同様です。

　つまり、技能と日本語の試験を受けなければならない人というのは、枠囲みの上にあるように、国外にいる技能実習を修了していない一般の外国人と、すでに日本国内にいる留学生や、就労ビザ等をもって日本で働いている外国人の家族がそれに当たります。

　特定技能1号の左側をご覧ください。特定技能1号で就労できるのは最長5年です。家族の帯同は、技能実習と同じく認められません。
　そして、永住権の取得も認められません。

最後に右上の特定技能２号です。特定技能２号の枠囲みの上に熟練した技能とあります。具体的には、以下のような技能と規定されています。

> 　長年の実務経験等により身につけた熟達した技能をいい、現行の専門的・技術的分野の在留資格を有する外国人と同等又はそれ以上の高い専門性・技能を要する技能であって、例えば自らの判断により高度に専門的・技術的な業務を遂行できる、または監督者として業務を統括しつつ、熟練した技能で業務を遂行できる水準のものをいう。

　驚くことに、現行の就労ビザと同等かそれ以上の技能だということです。この技能を測定するのも試験です。特定技能２号の下の枠囲みをご覧ください。試験は技能だけで、日本語の試験はありません。技能試験は学科と実技で、なんと技能検定１級レベルだということです。これは相当な難関です。さらに、工程を管理していた、あるいは現場の監督をしていたという実務経験が２年以上必要になります。

　求められるレベルがあまりに高く、これをクリアできる外国人はほとんどいないと思われます。私は、まだ先のことではありますが、おそらく技能検定２級レベルに落ちてくるのではないかと考えています。

　その根拠は、介護です。就労ビザの一つに在留資格「介護」というものがあります。この就労ビザを取るためには、介護福祉士試験に合格しなければなりません。
　介護福祉士試験はそれほど難易度の高い試験ではありません。単純に比較できるものではありませんが、介護福祉士試験は技能検定でいうなら２級レベルでしょう。
　今後、特定技能２号の必要性が高まれば、介護との整合性を図るという意味でも、技能検定２級レベルになると考えられるのです。

特定技能2号の右をご覧ください。在留期間の上限はありません。つまり、何度も在留資格を更新することができるのです。そして、家族の帯同も認められます。これらはどちらも就労ビザと同じです。

(2)受入れ業種
　特定技能で受入れることの業種は、「生産性向上や国内人材の確保のための取組を行ってもなお人材を確保することが困難な状況にある産業上の分野」と決められています。いろいろと手を尽くしてはいるけれども、どうしても人が集まらない業種だけ、というわけです。

　①特定技能1号
　特定技能1号は、4つの省庁が管轄する、14業種でスタートすることになりました。

　　（厚労省）介護、ビルクリーニング
　　（経産省）素形材産業、産業機械製造業、電気・電子情報関連産業
　　（国交省）建設、造船・舶用工業、自動車整備、航空、宿泊
　　（農水省）農業、漁業、飲食料品製造、外食業

　それでは、いくつかのポイントを指摘しておきます。

1)宿泊と外食業が入った
　インバウンド(訪日観光客)のお客様を今後、4,000万人(2020年)、6,000万人(2030年)へと増やしていこうという政府目標に対応するためという意味合いがあります。
　この2業種については、これまで技能実習の移行対象職種に入っていなかったため、現場は留学生アルバイトに頼ってきました。居酒屋に行った際に、若い外国人が接客してくれた、というご経験は皆さんお持ちだと思

います。

　留学生は、日本に来たばかりでまだ日本語でのコミュニケーションがうまく取れない間は、工場や配送センターなどでアルバイトをしますが、少し上達してくると、コンビニや居酒屋などの、日本人と話す機会のある職場に移り、実践の中で日本語力を磨いていくのです。

　そうした中で、留学生が、学生時代に一つの居酒屋で長くアルバイトをし、現場でリーダー的存在になっているということがあります。真面目で優秀な留学生アルバイトもたくさんいるのです。

　いよいよ、留学生が卒業を迎える時となり、店長が是非ともうちに就職して引き続き働いてもらいたいと思い、留学生もそれを望んだとします。しかし、現場の仕事では就労ビザが下りません。そういう在留資格がないからです。本社における企画や営業といったホワイトカラーの仕事であれば、可能性はありますが、現場におけるホールや厨房の仕事は専門的・技術的分野でない、いわゆる単純労働とみなされるためです。

　しかし、今回、特定技能1号に外食業が入ったことで、この留学生が技能と日本語の試験に合格すれば、引き続きそのお店で就業することが可能になりました。

2) 介護と建設のみ受入れ人数の枠がある
　介護と建設のみ受入れ人数に上限が設定されています。逆にいうと、他の業種には上限がないということです。

3) 素形材産業、産業機械製造業、電気・電子情報関連産業については、業種間で転職が可能
　製造業系の3業種は、製造現場で従事する業務の多くが共通していることから、共通の技能試験を実施するということになっています。技能の測定が同じ試験で行われているのだから、その業種間であれば転職は可能だ

ということです。

　ただ注意を要するのは、従事する業務が細かく分かれていて、それぞれの業務についての試験なので、同じ業務を行うという条件で転職ができるという点です。例えば溶接の業務で技能試験に合格して働いている特定技能1号の外国人は、溶接の業務しかできません。溶接の業務をするということであれば、この3業種間で転職できるということです。

4) 農業と漁業のみ、労働者派遣形態を認める

　農業と漁業については、地域や季節によって業務に繁閑があるという特性があるため、労働者派遣形態が認められています。

　その他の業種では、フルタイムで直接雇用しなければなりません。

5) 建設は、まず「受入れ計画の審査」において認定が必要

　建設は、他の業種に比べて一つ審査が多くなっています。最初に「受入れ計画の審査」を受けなければなりません。その中で、特に注意すべきなのは、報酬額についてです。
  ・同等の技能等を有する日本人と同等額以上
  ・安定的な賃金の支払い
  ・技能習熟に応じた昇給
という要件を満たさなければなりません。

　安定的な賃金の支払いということについて、日給月給では安定的とはいえない、ということで認められない可能性が高いです。

6)「建設技能人材機構」が設立された

　国交省と日本建設業連合会や全国建設業協会、型枠工や左官など職種ごとの約20の業界団体が共同で、新組織「建設技能人材機構」を設立しました。

　目的は、適切な労働環境の確保と悪質なブローカーの排除です。外国人

受入れ企業には加入を義務付けることになりました。
　現地機関と連携して求人や日本語教育、就職先の紹介を行うことになっており、入国後は勤務環境や転職などの相談に応じます。
　そうなると、組合などの監理団体に人材の紹介を依頼する必要がなくなります。

　また、現在は、型枠工や左官など、職種ごとに業界団体が多岐にわたっていることから、特定技能外国人や技能実習生は、原則、型枠工なら型枠工、左官なら左官に関する業務にしか従事できません。
　しかし今後、業界団体が一つになっていけば、建設業に関わる複数の業務に従事することのできる、多能工としての受入れが可能になるかもしれません。
　つまり、日本人と同様に、建設会社におけるあらゆる業務ができるようになるかもしれないということです。

7）業種の追加はあるか
　いろいろ手を尽くしても、どうしても人が集まらない業種に当てはまると判断されれば、今後も業種は追加されます。おそらく、小売が入ることはまず間違いないでしょう。スーパーマーケットやコンビニ等が人手不足で留学生アルバイトに頼っているのは、外食業と同じ構造です。
　さらには、情報、物流、警備等といった業種も可能性は高いと思います。

②特定技能2号
　特定技能2号は、建設と造船・舶用工業（溶接）の2業種のみで、2021年からスタートします。もちろん、今後さらに業種が追加されることは十分にあり得ます。

(3)受入れ人数および従事する業務
　次頁の表にある通り、特定技能1号で受入れる人数は、業種ごとに、5年間での最大値が設けられています。合計すると34.5万人になります。

　従事できる業務も限定されており、それぞれの業務に技能試験があります。特定技能1号の外国人は原則的に、その業務にしか従事できません。
　従事できる業務についても、今後増えていきます。土台となっている技能実習の移行職種・作業にあるものには、すべて可能性があるといって良いでしょう。

特定技能1号での受入れ人数（5年間の最大値）と従事する業務

分野	人数	従事する業務
介護	60,000人	・身体介護等（利用者の心身の状況に応じた入浴，食事，排せつの介助等）のほか，これに付随する支援業務（レクリエーションの実施，機能訓練の補助 等） （注）訪問系サービスは対象外 〔1試験区分〕
ビルクリーニング	37,000人	・建築物内部の清掃 〔1試験区分〕
素形材産業	21,500人	・鋳造 ・鍛造 ・ダイカスト ・機械加工 ・金属プレス加工 ・工場板金 ・めっき ・アルミニウム陽極酸化処理 ・仕上げ ・機械検査 ・機械保全 ・塗装 ・溶接 〔13試験区分〕
産業機械製造業	5,250人	・鋳造 ・鍛造 ・ダイカスト ・機械加工 ・仕上げ ・機械検査 ・機械保全 ・電子機器組立て ・塗装 ・鉄工 ・工場板金 ・めっき ・溶接 ・工業包装 ・電気機器組立て ・プリント配線板製造 ・プラスチック成形 ・金属プレス加工 〔18試験区分〕
電気・電子情報関連産業	4,700人	・機械加工 ・金属プレス加工 ・工場板金 ・めっき ・仕上げ ・機械保全 ・電子機器組立て ・電気機器組立て・プリント配線板製造 ・プラスチック成形 ・塗装 ・溶接 ・工業包装 〔13試験区分〕
建設	40,000人	・型枠施工 ・左官 ・コンクリート圧送 ・トンネル推進工 ・建設機械施工 ・土工 ・屋根ふき ・電気通信 ・鉄筋施工 ・鉄筋継手 ・内装仕上げ／表装 〔11試験区分〕

分野	受入れ見込数	業務区分
造船・舶用工業	13,000人	・溶接 ・塗装 ・鉄工 ・仕上げ ・機械加工 ・電気機器組立て 〔11試験区分〕
自動車整備	7,000人	・自動車の日常点検整備，定期点検整備，分解整備 〔1試験区分〕
航空	2,200人	・空港グランドハンドリング 　（地上走行支援業務，手荷物・貨物取扱業務等） ・航空機整備（機体，装備品等の整備業務等） 〔1試験区分〕
宿泊	22,000人	・フロント，企画・広報，接客，レストランサービス等の宿泊サービスの提供 〔1試験区分〕
農業	36,500人	・耕種農業全般（栽培管理，農産物の集出荷・選別等） ・畜産農業全般（飼養管理，畜産物の集出荷・選別等） 〔2試験区分〕
漁業	9,000人	・漁業（漁具の製作・補修，水産動植物の探索，漁具・漁労機械の操作，水産動植物の採捕，漁獲物の処理・保蔵，安全衛生の確保等） ・養殖業（養殖資材の製作・補修・管理，養殖水産動植物の育成管理・収獲（穫）・処理，安全衛生の確保等） 〔2試験区分〕
飲食料品製造	34,000人	・飲食料品製造業全般 　（飲食料品（酒類を除く）の製造・加工，安全衛生） 〔1試験区分〕
外食業	53,000人	・外食業全般（飲食物調理，接客，店舗管理） 〔1試験区分〕

(4) 受入れのしくみ

それでは、特定技能外国人を実際に受入れる際のしくみについて見ていきます。

原則は、就労ビザの外国人と同じで、受入れ企業と外国人が直接雇用契約を結ぶことになります。

しかしながら、特定技能1号の外国人については、外国人が職場や日常生活でトラブルに巻き込まれないように、また、地域との共生を図っていくために、受入れ企業に対して、外国人に対する職業生活上、日常生活上、社会生活上の「支援」を行うことが要件として課されています。

ただし、これまで外国人を受入れたことのない企業など、自ら支援を行うことができない場合は、登録支援機関という新たに設けられた機関に対し支援を全部、委託すればよいことになっています。

この登録支援機関というのは、外国人を支援することができる体制があ

ると入管に認められ、登録された機関で、個人でも法人でもなることができます。

　ただ、その具体的な支援の内容を見てみると、技能実習制度の監理団体（組合等）が、技能実習生と受入れ企業に対して通常行っている業務とほとんど同じなのです。ということは、かなりの割合で監理団体が登録支援機関となることが見込まれます。

　そうすると、1号特定技能外国人もその登録支援機関である組合を通じて受入れることになるでしょう。もちろん組合は、提携先の海外の送出し機関から1号特定技能外国人を紹介してもらいます。

　送出し機関は、自社の教育機関において、特定技能1号の技能と日本語の試験に合格するために、特定技能外国人候補者を教育しています。

　結局、試験に合格した特定技能外国人が送出し機関を通じて来日し、組合が登録支援機関として支援するという、技能実習制度と同じ構造になると考えられます。

この構造については入管も当然想定しており、特に問題はないという見解です。しかし、技能実習制度で起こっている構造的な問題が繰り返されるのではないかという危惧は拭えません。

　第1章の外国人受入れのしくみについての基礎知識は以上になります。

　これらの基礎知識を学んだ読者の皆さんは、第2章のSTORY「田尻商事、奮戦中！」をより深く楽しむことができるようになりました。

　それでは、個性豊かな登場人物が織りなすSTORYをお楽しみ下さい。

第2章　田尻商事、奮戦中！

1．プロローグ

　この物語は北京の酒店（ホテル）のシーンから始まる。
　林教授謝恩会。
　北京流通大学の林教授の論文発表の謝恩会は Inter Continental 北京で盛大に行われた。
　明日、就労ビザで日本に向けて旅立つ李静蕾もゼミの教え子として参加していた。
　この大学の卒業生として数人は日本へ就労ビザで渡航していた。
　しかし、大学側から見ると出世頭ではなかった。李はその評価が不満だった。
　大学の卒業生としての出世頭は日本と同じく、国家官僚を目指しての公務員、次は、同じビザ渡航でもアメリカ→ヨーロッパの順だった。いや、ヨーロッパの方が学生のあこがれになっているかもしれない。林教授のゼミ同期生の中にも、アメリカに旅立つ者がいた。

　林教授を教え子で囲んでの懇談が始まっていた。
「王幾分さん、貴方はアメリカ企業に行くことになったんですね。是非、向こうで頑張ってください。李さん、君は・・・日本だったかね、そう、日本人は優秀だからね、日式を学んできなさい。でも、中日関係は微妙だからね、考え方全てを毒されてはだめだよ。そういうことで悩んだら、相談に来なさい」
　李は「はい、林先生ありがとうございます」と言いながらの後半の余計な心配には、辟易するところもあった。知識人と言われる人はこの手のアドバイスをするのだ。それが、自分のことを思って言ってくれていることなので余計に煩わしい。
　言うほど、日本人というのは優秀なのだろうか。また、毒されてはいけ

ないほどの思想を持っているのだろうか？

　李蕾静は、親は役人、自分も北京で誉れ高い北京流通大学を優秀な成績で出ているだけに、日本社会をそして日本人を少し舐めている部分があった。
　それだけに欧米のトップ企業ではなく日本企業に就職せざるをえなかった自分の人生が悔しかった。
　しかし、こうなったらゆくゆくは日本で起業して経営者として帰還したいという願いを持ち始めた。それが、李のプライドだった。

2．プロローグ2

　ベトナム、ハノイ。
　ノイバイ国際空港から10人ほどの技能実習生が日本へ向け出国しようとしていた。
　向かうは、大阪の関西国際空港。皆が同じ会社に派遣されるということではない。合計5企業なのだが、現在、ベトナムから日本への技能実習生は多く、このように空港でかち合うのだ。
　10人の技能実習生を囲むように30名ほどの家族が見送りで集まっていた。抱き合うもの、涙を流すもの、家族の別れの場面が見られた。中には妻のいるものもいた。
　ファンもその技能実習生であった。見送りに母と妹が来ていた。父はアメリカとの戦争で兵士として死んだ。
　これから3年間、まだ見ぬ日本の地で暮らすと思うとファンも緊張していた。
　しかし、ベトナムでそのまま就職することに比べると、日本での技能実習の報酬は約10倍だった。ファンはその報酬を遊びで浪費せず、貯金するつもりだった。月に10万の意気込みで貯金すれば、1年に最低100万は貯

まるだろう。
　ファンは帰国後、飲食店を開いて、母と妹を養うのが夢だった。
　向かう日本の企業は繊維関係だったが、それは祖国に帰ってからのプランにあまり関係なかった。
　フライト予定時間が近づく。

「お母さん、リン（妹の名前）もう大丈夫だ。帰って大丈夫。日本で稼いでくる」とファンは言った。
　ベトナムではファンの言葉通り日本での技能実習でお金を貯めて、そこから財をなしたものも生まれ始めた。
　しかし、そううまくいっていないものいた。

3．関西国際空港

　ノイバイ国際空港からのフライトは無事関空に到着した。
　日本に着陸した時には遂に着いたという感動があった。
　ファンの緊張は高まっていた。ファンが向かう田尻商事には、入社に際してある宿題があったのだ。
　ファンはイミグレーションへと向かっていった。
　周りの技能実習生たちも興奮しているのが伝わってくる。
　入国審査官の質問をクリアして、バゲージグレームエリアで自分のスーツケースを受け取る。
　この日、この時間は他の国からも関西国際空港へ到着したのか、各エリアとも異国人たちの様々な言語が交わされていた。

　空港の外に出るとまさに日本だ。周りの技能実習生たちの興奮度はマックスに達していた。
　ファンは、出口を出ようとした時に、スーツケースを引きながら前を歩

く女性がものを落としたのに気付いた。
　ファンは慌てて拾い、その女性の肩をたたき「You　drop　passport？」と言った。
　女性は振り向き「アイムソーリー、サンキュー」と言った。美人に見えた。英語が綺麗だった。東洋系、中国人だろうか？

> コメンタール　外国人入国者の現況
>
> 　ここで、外国人に関するデータを見てみましょう！
>
> 　李さんとファンさんが日本にやってきました。
> 　ふたりのような外国人入国者をめぐる様々なデータから、現況を知っていただこうと思います。

1．外国人入国者数

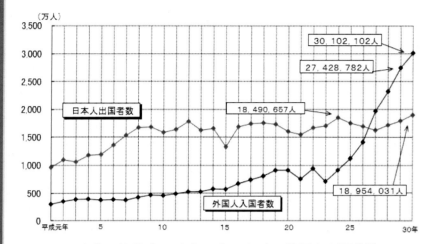

出典：法務省　平成30年における外国人入国者数
及び日本人出国者数等について

　まずは、外国人の入国者数です。インバウンド（訪日観光客）のニュースで良く聞く数字です。2018年は地震、豪雨、台風、猛暑という自然災害が相次ぎ、関西国際空港が一時閉鎖になったりしましたが、外国人入国者数は増え続け、ついに3,000万人を突破しました。

　政府の目標は、オリンピックが開催される2020年には4,000万人、2030年には6,000万人となっています。この分野はさらなる成長が期待できることから、国を挙げて様々な施策が講じられており、目標達成の可能性は十分にありそうです。

　世界各国の外国人訪問者数を見ると、1位のフランスは8,691万人（2017、国連世界観光機関）となっています。

　ここで、一つ指摘しておきます。

外国人観光客にたくさん来ていただくのはたいへん素晴らしいことなのですが、我々おもてなしをする側の人手が足りないということです。今後さらにお客様の数が増えた時に、十分なおもてなしをすることができず、お客様の期待に応えられない、という状況は避けなければなりません。

　そこで、今回の法改正で、これまで認められてこなかった宿泊と外食業という分野で外国人を受入れることができるようになりました。外国人観光客をおもてなしするために、外国人材の助けを借りましょう、ということです。そうなれば、外国語対応の問題も解決されることでしょう。

２．在留外国人数

　在留外国人数、日本に住んでいる外国人の数です。こちらも近年増え続け、約273万人となっています。

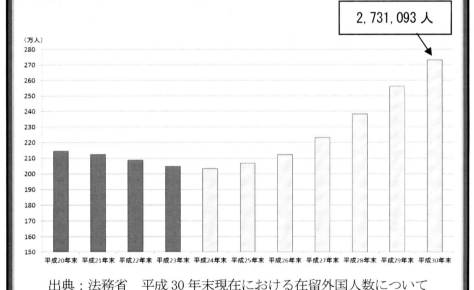

出典：法務省　平成30年末現在における在留外国人数について

では、国別の在留外国人数の推移（上位5か国）を見てみましょう。

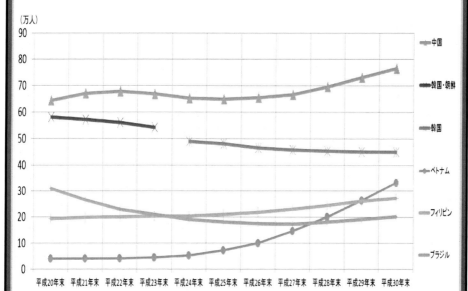

出典：法務省　平成30年末現在における在留外国人数について

　永住権をすでにお持ちの方が多く、また年々永住権を取得される方がいる中国が最も多くなっています。ただ、やはり注目すべきは一番下から近年急上昇しているベトナムでしょう。STORY中のファンさんのようなベトナム人技能実習生も増えていますし、留学生についても同様です。

3．外国人労働者数

外国人労働者数、つまり日本で働いている外国人です。

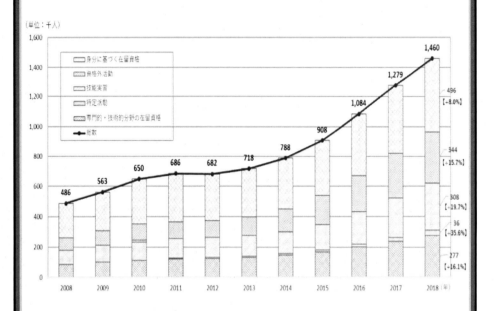

出典：厚生労働省　外国人雇用状況の届出状況
（平成30年10月末現在）

こちらも右肩上がりで、約146万人となっています。
　第1章の外国人労働者一覧図の労働者数はこちらのデータの数字を使用しています。

都道府県別の外国人労働者数を見てみます。

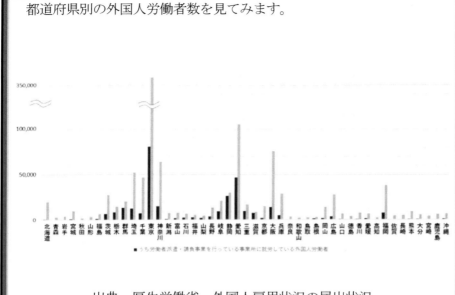

出典：厚生労働省　外国人雇用状況の届出状況
（平成 30 年 10 月末現在）

　三大都市圏に集中していることがわかります。
　新たに創設された在留資格「特定技能」は、同じ分野の業務であれば転職が可能です。人手不足に悩む地方の中小企業が、特定技能で外国人を採用したものの、すぐに賃金の高い都市部へと転職してしまい、結局地方の人手不足は解消されないということがあってはなりません。
　賃金の高い都市部への集中をいかに分散するか、ということが大きな課題となっています。

産業別の外国人労働者数を見ましょう。

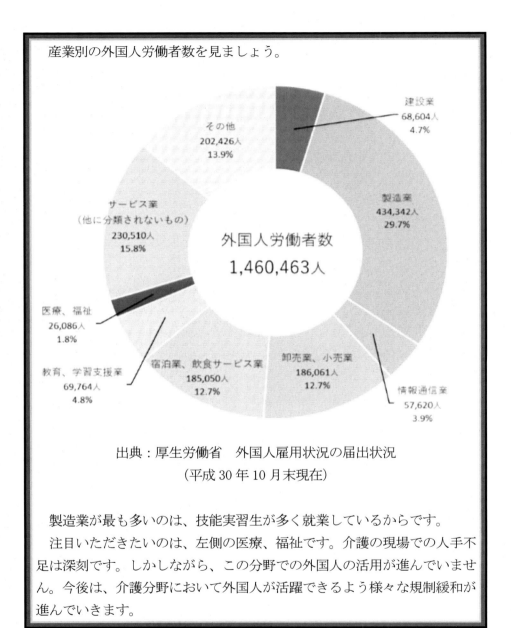

出典：厚生労働省　外国人雇用状況の届出状況
（平成30年10月末現在）

　製造業が最も多いのは、技能実習生が多く就業しているからです。
　注目いただきたいのは、左側の医療、福祉です。介護の現場での人手不足は深刻です。しかしながら、この分野での外国人の活用が進んでいません。今後は、介護分野において外国人が活躍できるよう様々な規制緩和が進んでいきます。

4．尾行

　関西国際空港の国際線到着ロビーの柱の陰で、社美和子は緊張から慣れない黒いサングラスを少し上げた。
　そして、ベトナム人、ベトナム人、ベトナム人と唱えること3回。
　手に持った写真を見る。中国人ではなくベトナム人の方！
　出口から数人が出てくる。
　写真の男がいた！と思ったその時、ベトナム人が前を歩く中国人らしい女性に声をかけた。
　ここで社美和子は一生に一度するかどうかという尾行の態勢に入った。

　李は振り向き「サンキュー」と言ったが、自分が慌てているのだろうかと妙な感覚に陥った。
　パスポートを落としたことを教えてくれた茶褐色の肌の男はベトナム人だろうか？所詮、技能実習制度で来たおのぼりさんだろう。

　さて、と李は関西国際空港のリムジンバスの発着場所を探した。
　これから行く会社は兵庫県の西脇市。軽く課題をクリアせねばと深呼吸した。
　この田尻商事という会社、空港まで迎えに来ず、自ら交通機関を選択して会社までたどり着くことが入社試験のような課題になっているのだ。
　李は自分に対する扱いも例外ではなかったことに少しがっかりしていた。
　総合案内所で教えてもらい、神戸三宮行きのバスを探す。こちらの方が鉄道より便利なはずだ。
　あった！今は2時。あと20分ほどでリムジンバスが来る。
　そこに先程パスポートを拾ってくれたベトナム人男性がスーツケースを引いて近づいてきたのだった。

李は、神戸三宮行きのリムジンバスに乗り込んだ。チケットは1,950円。やはり日本の物価は高いと感じた。中国でこの距離なら半額以下だろう。
　パスポートを拾ってくれたベトナム人が一列前に腰かけていた。
　バスは定時に発車して高速道路を走り始めた。
　道路は、全く空いていた。

　田尻商事総務部の社美和子は二人が乗ったリムジンバスに慌ててかけ乗った。
　あのベトナム人と中国人、会社まで一緒に行動するつもりなのだろうか？と思った。そして会社の真下部長に電話し、「無事空港に着きました。中国人もいます。追跡を開始します」と言った。

　これが、経済の盛んな国の道路なのだろうかと李は思った。
これまでも数カ国、外国を旅した経験はあったが、過去経験したどこの国よりも道路は空いていた。グループで行った北朝鮮よりも・・・

　李は、前のベトナム人に対して見知らぬ顔をしているのも気が引けて、「先程は、サンキュー」と英語で言った。
　精悍なベトナム人は、「どういたしまして」と覚えたてと思われる日本語で返した。
　李は、もう少しそのベトナム人と話してみたい気になり「labor（労働）？」と聞いてみた。
「はい、そうです」と答えが来る。
「Where to？」（どこへ）
「西脇」
自分の最終到達地と同じだった。まさかと思いながらも聞いてみた。
「What company do you work at」（なんという会社で働くの？）と聞いてみた。

67

「TAJIRI　SYOUJI」
　それは、李が就労ビザで就職して、これから向かう会社だった。
「Me、too!」と李は同じ会社に行くことを白状した。

　それから・・・
　ベトナム人男は「いいですか？」と断ってから李の隣の席に移り、話を始めた。
　李蕾静は、会社説明で聞いてはいたが、技能実習生と同舟してこれからその会社に行くわが身を思い情けなくなった。
　男は片言の日本語で話した。李には、会社に行くまでに出来るだけ日本語に慣れておこうという意図が感じられた。時々出てくるYes、Myなどの言葉でこの男、多少ならイングリッシュも話せると思ったからだった。
　男の話を聞くといかにも蓄財が目的で、この会社を足がかりにして日本でもっと大きなことをしたいという自分の夢とは全く違うことが分かった。
　しかし、日本での生活における節約の仕方などは自分よりよく考えている。三宮バスターミナルに着き、JR線への乗り換えではファンの方がよく知っていた。
　おそらくその会社に行った経験のあるベトナム人に聞いていたのだろう。

　社美和子の尾行は続いていた。JR 加古川駅での乗り換え、そして地域のバス、順調にここまで来ている。あの二人は元から知り合いなんだろうか？
　かなり親しく話している。
　しかしバスを降りてからが勝負だ！2人を追い抜いて行かなくてはいけない！

コメンタール　渡航費用は？

　基本的に、技能実習生の渡航費用（来日分、帰国分とも）は受入れ企業の負担になります。
　在留中トラブルが発生して、途中帰国する場合でも同じです。

　空港への送迎も、受入れ企業が責任を持って行うこととされています。
　STORYではひねりを入れて、単独で会社にたどり着くことを課題とし、受入れ企業の人間が尾行しています。道を逸れたらガイドするという設定です。
　法律を固く捉える方は、どうぞ心を広くしてお読みください。

5．西脇市

　JR 西脇市駅からはバスに乗り換えた。李はタクシーに乗るつもりだったが、ベトナム人の男の言う通りに従うしかなかった。

　西脇市・・・兵庫県中部の人口約４万の地方都市である。
　伝統工芸として、布や針などの技術が見られる。和牛の生産地でもある。工業団地（工場公園）もある。
　兵庫南部の都市部までは一定の距離があるためベットタウンの色彩よりも独自の経済圏を作ろうとする努力が見られる。

　社はバスを降り、小走りに２人を追い抜いた。
　追い抜く瞬間、２人の外国人は怪訝な顔をした。
　社は２人が見えなくなるまでもっと引き離さねばと速度を上げた。
　会社に着くや、２階の会議室に急ぎ、ドアを開けた。
　そして「社長！無事着きました。もう来ます。中国人も一緒です！」とハアハアと息を切らせながら言った。

　ファンと李は田尻商事より送ってもらった地図を頼りにバス停から数分歩いた。
　そして・・・
　とうとう自分たちの働く田尻商事にたどり着いた。

　その頃、田尻商事では２人を迎える準備が整っていた。

コメンタール　在留資格とは

　ここで、在留資格の復習です。

　田尻商事の李さんは、就労ビザで日本にやってきました。一方、ファンさんは技能実習生として同じ日に関西国際空港に降り立ちました。
　就労ビザと技能実習生はいったい何が違うのでしょうか？

　一言で言うなら、与えられている在留資格が違うと、日本でできることも違ってくるということです。

　それでは、「在留資格」について簡単にご説明します。

　在留資格とは読んで字のごとく、外国人が日本に在留するための資格です。これがなければ不法滞在ということになってしまいます。よく、就労ビザ、留学ビザ、結婚ビザ等とも呼ばれたりします。

　しかし実は、在留資格とビザは全く違うものなのです。

　外国人が日本に入国するには、パスポートとビザが必要ということになっています。つまり、日本に来る前に、外国人の本国にある、日本大使館等で取得するものがビザということになります。
　そして、日本入国時にパスポートとビザを、日本の空港のイミグレーションに提出し、入国審査官が審査をして発行するのが在留資格というものです。
　ビザは、入国審査官への推薦状のようなもので、在留資格が発行された時点でお役御免になります。

	ビザ（査証）	在留資格
発行時	来日前	入国審査時
発行場所	海外の日本大使館等	イミグレーション
発行機関	外務省	出入国在留管理庁（法務省）
性格	入国審査官への推薦状	日本在留の根拠

　STORYや解説では、できるだけ正確な表現である「在留資格」という言葉を使うようにしていますが、わかりやすくするために、就労ビザ（就労系の在留資格）という表現も一部に使用しています。

　最後に、在留資格の特徴をまとめておきます。

在留資格とは　　（いわゆる就労ビザ、留学ビザ、結婚ビザ等）
- 外国人が日本に滞在し、一定の活動を行うことができる入管法上の法的資格
- 同時に複数の在留資格を保有することはできない
- どのような外国人を受入れるかについてわが国の政策を具体的に明記したものと言うことができ、2019年4月現在、合計28種類

在留資格については、以上です。

6．歓迎会

　田尻商事の新入外国人歓迎の宴会は真下部長の言葉で始まった。
「ではこの度、中国から李さん、ベトナムからファンさんを迎えることになりました。今回も、盛大に歓迎会を行いましょう！」
　この田尻商事、長年の外国人活用で様々なノウハウがあり、歓迎会では外国人に挨拶させない。
　以前は一言挨拶させていたのだが、ベトナム人に来社してすぐに挨拶させると多くが緊張で舞い上がってしまい、一言喋るのに時間がかかってしまうという反省からだ。
　そこで自己紹介は翌日の朝礼の場でとなった。

「真下君、これで何人目？」と田尻社長が聞いた。
「就労ビザの中国人が2人目で、技能実習生は7人目です。合計9人ですね」
「今回は辞めずに順調に働いてもらいたいもんだな！それぞれの国からの人物レポートを読んだか」
「もちろん読みました。李さんはかなり中国人気質が強そうですね」
「ああ、そうだな。どうせなら個性の強い方がいい」
「そうですね。前任者の沈さんのように沈黙を通して、最後に急に辞められたら焦りますもんね」と真下は言った。

<u>コメンタール　Ｃａｓｔ紹介</u>

　この辺りで登場人物の紹介をしておきましょう！

【田尻社長】　　　早くから外国人活用に目を付けた立志伝中の人

【真下部長】　　　入管対応の責任者で、行政書士は使っていない。
　　　　　　　　　技能実習生では過去に痛い経験もしているが、
　　　　　　　　　それがノウハウと強みだと自覚している

【川村主任】　　　ファンさんの技能実習指導員。初の体験に多少の戸惑い。
　　　　　　　　　そして悪い予感は当たり・・・

【社さん】　　　　総務部のお局さんで李の指導役。変わり者だが、
　　　　　　　　　意外と中国人とは・・・

【ファンさん】　　ベトナムハノイから来た真面目な技能実習生

【李さん】　　　　中国北京から来たエリート。
　　　　　　　　　両親も中国ではかなりの富裕層

【田尻商事】　　　兵庫県西脇市に所在する繊維製品製造販売の中堅企業。
　　　　　　　　　就労ビザと技能実習の両方で外国人を活用している
　　　　　　　　　特殊な戦略の会社

これらの登場人物が織りなす熱いSTORYにご期待ください！

7．田尻商事

　この会社、オンリーワンの経営方式をとっている。
　それは複雑すぎて真似のできないビジネススキームをとっているということである。
　商品は繊維製品なのだが、生地あるいは半製品にしたものをベトナムや台湾から輸入し、日本で製品にするために加工して、それを再度中国や韓国に輸出している。
　この日本で衣料品の加工をしているという会社はほとんどなくなってきた。もちろん人件費の問題である。一部、京都北部でグンゼの関連の会社が中国人技能実習生を活用してやっている例はある。

　ここで勘違いしてはいけないのは、技能実習生を採用しても賃金はそれなりに出さないといけないので、コストは落ちないということである。最近よくニュースで取り上げられるような、手取り月2〜3万円で働かせている企業というのは違法でありイレギュラーなケースなのである。

　田尻社長は、縫製業務に従事する技能実習生の半数をあえて男性にしている。
　そして貿易業務は、語学優秀な中国人就労ビザ職員が担っているのである。田尻社長の直轄業務とはいえ、実務的な部分は真下部長が取り仕切っていた。

　この方法、ノウハウが複雑と言っても、貿易において売り先が確保されていないと成り立たない形である。
　田尻商事は中国や韓国に日本製の高品質商品を衣服として売りさばく手堅い先を確保しているが、それでも近年、ユニクロを代表とする海外直接投資組に押され、かなりの値下げ要求を受けている。

事業としては曲がり角に来ている。現在経営が成り立っているのは平成の早くからこのスタイルを志向して先行利益を得ていたからで、その内部留保により会社がもっているのである。

　次のステップとして通常は、製造場所と販売場所に海外直接投資をして、日本国内は会計機能だけにしてしまうという方法になる。この方法を香港方式という。香港はこれで経済成長した。

　しかし近年最も進んでいるメーカーではこの部分も省略して、製造場所も販売場所も複数国確保して、リアルタイムで最も安価で作れる国で製造し、最も高く売れる国で販売するという利鞘を最大化する最先端の方法をとっている。

8．回想

「いやあ、私はよく技能実習生のトラブルに耐えられたもんだと思うよ」
「そうですね」と真下部長は1人の技能実習生が逃げ出した事件を思い出していた。

　それは1年前のことだった。技能実習2年目に入ったヤンが休日に、日本に先に来ている友人と会いに行くと言って三宮に遊びに行ったきり消えてしまったのだった。

　ヤンについては、仕事やコミュニケーションに問題がなかっただけに会社は大きな騒ぎとなった。

　真下部長以下、製造部の人間で行きそうな場所をしらみつぶしに当たったが見つからなかった。

　彼らには、ヤンが行きそうな場所と言っても探すところ自体に限界があった。

　マスコミでは低賃金に耐え切れず逃げ出すという形が多いというイメージで伝えられているが、実際に多いのはこのパターンで、先行して入国しアンダーグラウンドな労働市場にドロップアウトしている同胞人が、もっと稼げるところがあると言って引っ張っていくのである。

　その実態はもっと稼げるどころかブラックな職場なのだが・・・

　技能実習生失踪事件の影響で真下部長は2回、神戸の入管に出頭し、お灸をすえられている。

　それは行方不明になった時と、ヤンが半年後、入国警備官による大阪南部の違法に外国人を働かせている企業の摘発で発見され、ベトナムに強制送還された時だった。

　前者ではかろうじて企業責任は問われなかった。

　そのようなことまで企業側で完璧に管理できないということは入管も分っている。オーバーステイによる退去費用は田尻商事が負担した。

この事件で動揺した社内だったが、技能実習は続けるとの田尻社長の一言で継続を決定した。そして現在に至っている。
　技能実習制度をリピート活用している企業には似たような経験をしているところが多い。それほど外国人活用に志が高いという側面と、そんな事件があっても外国人労働力に頼らねば仕方ないという悲しい中小企業事情がある。

「最近のニュースで失踪者の数字を見て分かったんですが、技能実習を続けていたら何年かに1回はこういう事件を経験することになってしまいますね。今年のチューターの川村と社ですが、川村は大丈夫です。社の方は本人も癖があるだけに、うまくいくかどうか？」
「性格のきつい中国人と癖がある日本人か？あはは、まあいいんじゃないか、社の成長のためにも」
「そうですね」と真下部長は返した。

　2人は次のステージに移る時期についても話し合っている。
田尻社長が「なあ真下君、現在の方法の変更は5年後と考えているんだがどうかな。そう言いながらもまだそこまで踏み切る決断がついていないんだけど」
「そうですね。私はもう5年後は定年でおりませんが、入管法改正でますます入管の締め付けが厳しくなると思います。私は入管との付き合いに疲れてきました」
「そうだよな。一部の違法な企業が悪いんだが、年々提出書類が増えているよな」
「社長、最近外国人を受入れ始めた当初のことを思い出すことがあるんですが、よくここまで利益をあげる体制に持って来られたものですよね」
「私もそう思う。最初はとんちんかんなことをしていたからな」

<u>コメンタール　技能実習生の現況</u>

　ここで、技能実習生数の推移を見てみましょう！

　田尻商事では、長きにわたって技能実習生を受入れています。
技能実習生数と併せて、留学生アルバイト数についても紹介します。

１．技能実習生数

　技能実習生の数を見てみましょう。STORYのファンさんと同じ技能実習生は、約31万人とどんどん増えています。

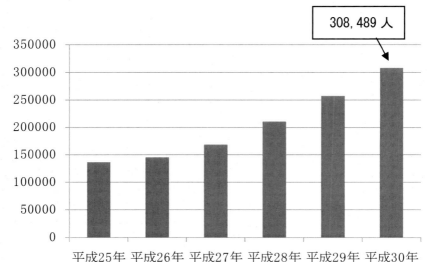

出典：厚生労働省　外国人雇用状況の届出状況
（平成30年10月末現在）

国籍別の技能実習生の割合は、以下の通りです。

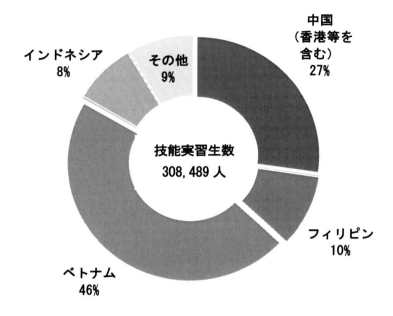

出典：厚生労働省　外国人雇用状況の届出状況
（平成30年10月末現在）

　5、6年前までは、8割がた中国だったのですが、現在その割合はどんどん小さくなり、かわってベトナムが約半数を占めるようになりました。

　よく言われるのが、ベトナムも経済発展に伴い、結局は中国と同じ道をたどるのであるから、ベトナムの次はどこだろうか、という話です。

実際すでにミャンマーからの受入れに力を入れられている組合や企業も増えています。

　私はベトナムを訪問し、技能実習生候補者の熱意を感じると同時に、送出し機関の取り組み方、人口規模や人口構造などから、ベトナムはまだしばらく続くと考えています。

　ただ、外国人労働者をめぐって世界が争奪戦を繰り広げていることや、外国人にも日本人と同等以上の報酬を保証するよう強く求められていることを考えると、少しでも現地の賃金が安い国から受入れるべき、という発想は改めるべきだと思います。もはやそういう時代ではなく、国籍にこだわることなく、優秀な外国人に定着してもらい、長く勤めてもらうことを第一に考えるべきではないでしょうか。

　また、私は今後、一部には中国に回帰していくことも十分あると考えています。その理由は3つです。

　一つ目は、介護です。

　介護は直接、利用者さんと接する対人サービス業です。日本語でのコミュニケーションが重要視されます。やはり中国人は、漢字を使っていない東南アジアからの技能実習生に比べて、日本語の上達は早いものがあります。日本語能力が低い段階でも、筆談で意思疎通は可能です。

　中国も日本と同じく、これから高齢社会となり、介護が大きな課題になります。日本の介護技術を学びたいというニーズがあります。これは、日本の技能を学び、本国に持ち帰ってもらい、職場で活かしてもらうという技能実習の本旨そのものです。

　二つ目は、インバウンドです。今回の新しい在留資格「特定技能1号」には宿泊と外食業が入りました。今後、技能実習にも追加される予定です。

インバウンドのお客様は、ほとんどが中国、台湾、香港という中国語圏からいらっしゃっています。中国人がスタッフとして来てくれるのであれば、言葉の問題は解決するでしょう。

　三つ目は、対中イメージの改善です。まだご記憶に新しいと思いますが、2012年に、中国で反日デモが起こったことがありました。あの時、中小企業の社長さんから「もう中国人は信頼できない。技能実習生をベトナム人に変更したい」との要望が多くありました。
　しかし、最近になり日中関係が改善されてきました。中国人の対日イメージも良くなっています。これで、日本人の対中イメージが良くなれば、再び中国人を受入れたいという企業も出てくると思います。

2．留学生アルバイト数

留学生のアルバイト数です。技能実習生と同じく、右肩上がりです。

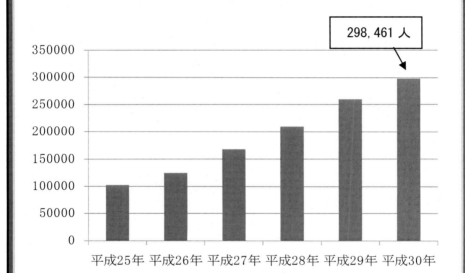

出典：厚生労働省　外国人雇用状況の届出状況
（平成 30 年 10 月末現在）

国籍別の留学生アルバイトの割合は、以下の通りです。

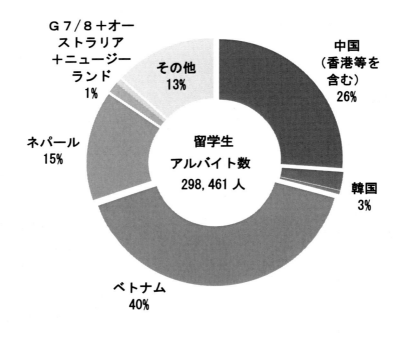

出典：厚生労働省　外国人雇用状況の届出状況
（平成30年10月末現在）

技能実習生数の割合とよく似ていますが、一つだけ大きく違うのが、ネパールの留学生がたいへん多いということです。近年、急増しています。

9．社員寮

　それから宴会は約1時間、飲み会として続き、ファンは日本酒を初めて飲み正体不明になった。
　李の方はいくら飲んでも顔色を変えることがなかった。
　2人の外国人はこの飲み会があることも前任者から情報を得ていた。
　宴会は続き田尻社長の挨拶で締めとなった。「じゃあ今回、ファンさん、李さんという強力なメンバーが加わった。皆で一丸頑張ろう」の一言だけだった。

　この後も指導役には仕事が残っている。
　新入外国人社員を寮まで連れて行かなければならないのだ。
　この田尻商事、西脇市のかなり離れたところに寮を持っている。これは技能実習生4名と就労ビザの職員1名分をまとめて賃貸借契約したものである。

　以前の外国人の社員寮は、ここではなく西脇の市街地にあった。しかしベトナム人技能実習生からこんな便利な場所はいらない、お金を浪費してしまう、もっと寮費の安いところを探してほしい、という会社側からすると意外な申し出があった。
　そこで田尻社長も蓄財のために来ている技能実習生のためにはその方が良いと動いた。
　問題は就労ビザの職員をどうするかということだった。
　田尻社長は就労ビザの職員だけ特別扱いすることでトラブルが起こるかもしれないと、同じくこの場所を社員寮とした。
　辺鄙なところとは言いながら、近くにはコンビニ・食品スーパーおまけにコインランドリーまであり、生活に不自由がないところがまた皮肉なところであった。要するに遊ぶ施設だけがないのである。近くにバス停があ

り、会社までは15分のバス通勤時間だった。

　宴会の終わった田尻商事から寮までタクシーが呼ばれ、指導役の社、川村とともに2人の新入外国人は寮まで運ばれた。
　だんだんと寂しくなる風景を見て李は愕然としていた。こんな過疎地に住めと言うのか？このような風景は中国でもかなりの田舎に入る。
　ファンはほろ酔い気分の中、自分の故郷に帰るような錯覚を覚えていた。

　指導役の社と川村が　新入外国人を誘導し、部屋の説明をしていた。
　先に来ているベトナム人技能実習生3名も部屋に入りベトナム語で説明している。川村はベトナム人技能実習生には十分すぎる施設だと思っていた。
　問題は就労ビザで来ている李の方だった。
　李の顔に不満が現れているのを、社は感じていた。
　前任者の沈さんからは、もっと広いところへ移して欲しいと会社側は言われていた。
　それでも、李は何も質問をしなかった。
　心の中では「もう決まってしまったことは仕方がない。こうなったら刑務所に入ったつもりで本を読んで勉強しよう」と思っていた。
　良い意味で中国人の中でも前向きな思考をする人間だった。

コメンタール　外国人の寮

　では、外国人の寮について考えてみましょう！

　これも特別な問題と考えると悪いスパイラルに入ってしまいますので、リラックスして考えてみましょう。
　まずは保証人の問題が出てきます。
　受入れ企業の人がなることが一般的に多いようです。

　次に隣人・地域住民の理解が大切になりますが、借りる場所のオーナーがそれを代行してくれるケースもあるでしょう。
　進んでいるところでは、その受入れ企業の人が外国人と一緒にあいさつ回りするということが行われています。
　そこまでされると日本人気質から言って拒否感は起こらないようです。

　またこれも冷静に考えると自然と出てくることですが、外国人も単独の入居では孤独感を感じます。できれば最初から複数人を受入れる方がベターと言うことになります。

　最後にこれは、変な意味で捉えて欲しくないのですが、繁華街などのあまりに賑やかなところは、技能実習がふらふらと遊びに行ってしまうので良くないようです。
　これは微妙なアドバイスですが、このようなことは逆に技能実習生側から起こる声でもあることを理解してください。
　寮費などを徴収する場合は、技能実習生側から、設備など古くてもよいので、安価な方が良いという声も時々聞きます。

10. 朝礼

　新入外国人2人が到着した翌日の朝礼。
　田尻商事では新人社員が皆の前で挨拶するのが恒例となっている。これは2人にも事前に伝えてあった。
　ベトナム人のファンが目の前に出た。
　ファンは舞い上がるくらいに緊張していた。
「は、はい、はい皆さんをよろしくお願いします」と一言で終わった。
　温かい拍手が社員から起った。
　ファンは日本に来る前から挨拶を考えていた。しかしその5分の1も言えなかった。言葉も何回も練習した時より滑らかには出てこなかった。
　ベトナムではこのように皆の前で意見を言うというシーンがあまりない。
　ファンの挨拶の場面を田尻社長、真下部長も温かい目で見て拍手をしていた。こうしたベトナム人気質について2人は経験上痛いほど分かっていた。日本で常識になっていることもあまり急に教え込んで行くとパニックになるということを。

　挨拶は次に中国人の李の番となった。
「私は北京の中心部に生まれ、北京流通大学を卒業しました。大学では流通を学んで・・・今回、田尻商事様とご縁があり・・・その過去のキャリアを生かすことができると思っています・・・私は日中友好発展のために少しでも貢献できれば・・・中国経済は今、巨大ネット企業が経済を底上げしており・・・」とそのスピーチは5分に及んだ。
　これも田尻商事側は想定内だった。李はシナリオをかなり前に作成し精読していた。
　中国人はこのように自己主張が強いということを、会社側は十分理解していたのである。

コメンタール　国民性

　田尻商事は李さんとファンさんの労務管理の扱いを微妙に調整しています。それは、在留資格の違いだけでなく、国民性の違いからくるものなのです。

　国民性の説明として、STORYに登場する中国人とベトナム人を主に説明して、その間に韓国人について少しだけ触れます。

　まず、中国人は自分勝手で他人には冷たいという見立ては違います。
　相手との関係性を見定め、自分に近い位置にいると認識した相手に対しては、我々日本人の場合より、ずっと親身になります。
　関係性をドライに割り切っていると考えた方がいいでしょう。
　中国の諺に「本当の友人ならば、家に行って冷蔵庫を開けても良い」というのがあります。これは、日本人から見るとジョークに思えるかもしれませんが、本当にそういう感覚なのです。この辺りの事情はSTORYの方に含ませたつもりです。
　中国社会における人間関係については、別項で再度説明します。

　また、中国人には「義理」を重んじたり、「恩に着る」というところもあります。これも諺ですが「昔、井戸を掘ってくれた人の功績を忘れてはいけない」というものがあります。その後の人生で自分の方が出世しても、恩義のある人に対しては常に低姿勢になります。

　中国人の良いところを2点挙げましたので、弱みも挙げましょう。
　確かに、自己中心的であるという面はあります。
　ただし、この物語で紹介したようなハイソサエティ層の人は自らそれを

十分に認識しています。我々日本人も、そうした中国人と朋友になれば、自己中心的なところこそが個性であるとプラスに捉えることができます。

また、トラブルがあった時、日本人の場合は出来るだけ努力して修復していこうという国民性がありますが、中国人の場合、ある種の諦め感もあり、そうした意識は薄い感じがします。

私、西河も過去、中国人パートナーに仕事上のトラブルを相談に行った時に「私も困っているんだ」と逆切れされたことがあります。

韓国人の特質は、中国人のような自我の強さがありません。
一般的に真面目だと言われています。
同じ儒教国の東洋人なので、感覚は日本人と似ています。

ここまでで読者が気になっていることは、マスコミで喧伝されている両国の反日感情ではないでしょうか？
両国ともに言えるのは、ビジネスを志向している層は「政治は政治」と割り切っているということです。
2国間の政治情勢が悪くなっても、政治情勢と個人間の友好は別だと考えています。そうした時に訪ねると、困難な時にわざわざ来てくれたとともてなしてくれます。
逆説的に言うと、反日感情を持った人が就労ビザを取ってまでして我が国に来ることはないと言えるでしょう！

ベトナム人は一般的に「真面目・穏やか」と言われています。
注意すべきは、自分の意見を言うということに慣れていないという点です。
これは東南アジア全般で言えることです。お隣の中国と相反しているのが興味深いところです。

よって朝礼で意見などを言うということには慣れておらず、悩んでしまうケースもあります。受入れ企業としては配慮しなくてはいけません。
　また我々では常識となっているような「品質の向上」や「経営の管理」というような意識は、まだ経済の発展度合いが浅いため薄くなります。
　これも東南アジア全般に言え、経済を牛耳っているのは華僑（中国人）であったりします。

１１．指導計画書

　この田尻商事はチューター制度というのを引いている。
　この制度は、本来、外国人雇用向けに作られたものではなく、若手社員が辞めてしまうということが社会問題化していることからできたものである。
　具体的に言うと、中小企業が長く新卒を採用してこなかったために、社内で世代間格差が開いてしまい、入社した社員が孤独感を感じ、コミュニケーションの問題からすぐに辞めてしまうというケースに対応するための制度である。

　外国人のうち、技能実習生については制度上、生活指導員・技能実習指導員をつけることが必要なのだが、この物語では、就労ビザで来た李にも指導役をつけているので、チューターと言う呼称で統一している。

　田尻商事では、来日する外国人ごとにその指導担当者を変えている。
　これは田尻社長が仕事を属人化させないために配慮しているということで、李にはベテラン社員の社美和子が、ファンには第２製造部の川村義男が担当することとなった。
　田尻社長は２人を呼び、どのような指導計画で育てていくかを一通り聞いた。「じゃあよろしく頼むわ」の一言で終わった。
　田尻社長は何事も経験からしか生まれない。計画通りには行くまい思っていたからだった。

　朝礼前に、田尻社長と真下部長は外国人の指導計画書に目を通していた。中国人分は社が、ベトナム人分は川村が作ったものだった。
　それなりの事が書いてあり、真下部長は「ふうん」と言ったきりだった。

まず初期の業務指導はどのようにしたらいいのだろうか？
　これは一言で言うならば日本人の新入社員研修と同じである。技術の棚卸をできてない会社がほとんどなので、それをすることにこそ意味がある。

　厚生労働省の助成金に正規職員を鍛える有期実習型訓練という３ヶ月から６ヶ月のOJTとOff-JTを組み合わせた訓練がある。これは就労ビザの職員についても申請することができる。

　一方、技能実習生は新入社員研修に入る前に、日本語教育の期間が入るということになっている。これは監理団体である組合が行うものだ。
　技能実習生は送出し側の国で事前に語学教育を受けているが、日本に来て再度の教育が必要なのである。

　話は戻り、指導役２人の計画書にはカリキュラムの下に一言コメントを入れる欄がある。
　川村は「私生活でも迷わないよう、きめ細かく指導いたします」と当たり前のことが書いてあった。
　社の方には「これを機会に中国語を勉強します」という殊勝なことが書かれていた。
　真下部長が「あいつ本当にそんなことするんかいな」と言ったが、田尻社長は「あいつならやるかもしれんぞ。意外と真面目なところもあるしな」と返した。

> ## コメンタール　外国人活用の先進企業
>
> 　外国人活用が進んでいる企業においては、以下のような様々な工夫がされています。
>
> - 受入れた外国人がリーダーとなり企業内外国語教室を実施し、社員が外国文化に積極的に親しむ
> - 地域社会に外国人が積極的に溶け込めるように、日本人社員が同行し、近隣に挨拶にうかがう
> - 我が国での生活の仕方の小冊子を作成し、戸惑わないように配慮する
>   （法務省作成　外国人活用の先進事例のリーフレットより）
>
> 　しかしこのような事例を見て形から入るというのはあまり意味のないことで、様々なことを試しながらノウハウというのは出来上がっていくものです。本当のノウハウとは、例えば技能実習生が逃げ出したらどう対応するかといったもっとドロドロとしたものです。
>
> 　そうしたところを STORY の中で楽しく学んでいただきたいと思います。

１２．ランニング

　さて、いよいよ新入外国人の職場での教育が始まった。
　ベトナム人技能実習生は「おはようございます」の日本語教育から始まるのだが、その能力は来日する前の送出し機関での教育によるところが大きくなる。
　ファンは順調に日常用語を覚えていった。ここからはどれだけ日常生活で日本人の輪の中に入っていけるかという本人の性格に寄るところが大きくなる。

　これに対して就労ビザの李の方はかなりレベルの高いところから始まる。
　李のような就労系の在留資格である「技術・人文知識・国際業務」で就労する外国人はかなりのハイソサエティー層で、まず語学力が問題になることがない。
　教育する側が油断していると、日本の歴史などについては日本人より知っている場合もある。
　特に中国人の場合には、13億人の人口の中から優秀な人が選抜されてきたとも言え、将来スーパーサラリーマンになる可能性を秘めている。
　問題は本人にそうした意識が強すぎると、職場で仲間意識が醸成されないということである。
　李の場合も仕事の覚えは非常によく、目立った問題はなかった。

13．習熟

　ある日の川村の指導ノート。
　作業工程にもかなり習熟してきた。ローテーションで全ての作業工程を学ばせているので全体の流れも理解出来てきたようだ。
　ベトナム人にしては向上心が強く、日本式経営の仕組みにも興味があるようだったが、これについては自分自身でもまだ明確に分かっていないので教えることが難しい。

　この日川村は、トヨタのカンバン方式とはどのようなものなんですか？と問われ答えに窮した。イメージとしては分かっているのだが、それを分かりやすい言葉でベトナム人に伝えるのが難しい。川村はどう説明したらいいか分からなくなって図示して説明した。

　それを見たファンは、「I understand」となんとなく分かったような顔をした。
　このように指導役も教えることによって成長する。

　ある日の社の指導ノート。
　9月24日、今日は中国の増値税について説明したが、李さんの方が良く知っていた。逆に説明を受けてしまった。ストレスが溜まってきた。

　業務の研修期間を定めたとしても、優秀な人ならばどんどんマスターし

てしまい次第に時間を持て余すようになる。早く次を教えてくれということが顔に出てくる。

　指導役は自分も勉強しなくてはならないが、それはそれで良い。ただし、知っているということと教えるということは全く次元の違う問題である。

　李は業務に慣れた頃、大変なミスを犯してしまうことになる。
　社美和子は、仕事に対するマインド面まで教えることはできなかった。社本人はしっかりと気を抜かずに仕事をできるタイプだったからだ。

コメンタール　チューター制度

　近年、入社したばかり社員が戸惑うことのないよう、担当者を決めてフォローするというさまざまな仕組みがあります。
　ここでまとめてみましょう！

　現在、制度として以下の4種類があります。

① 　チューター制度
② 　メンター制度
③ 　キャリアカウンセリング
④ 　生活指導員・技能実習指導員

　国もこれらを推奨しています。その理由は何でしょうか？

　我が国の中小企業は、平成不況の間、リストラや採用の見合わせなどの人件費削減で対応してきた感が強く、このままでは次代まで経営を維持す

ることが難しいことに気が付き、最近申し合わせたように新卒採用等を復活させています。

　その結果、世代間格差から生じるコミュニケーションギャップにより、入社3年以内に辞めてしまう新入社員が多いのです。
　新入社員には、労働者側の売り手市場になってきたので、第2新卒でも就職できると言う思いもあるでしょう。

　この採用難の時代にせっかくコストをかけて入社してもらった新規採用者という経営資源を大切に育てるべきである、というのがこれら制度推奨の背景です。

　では、①～④について説明します。

　①のチューター制度のチューターとは、誘導する役という意味で、私生活と業務の両面での相談役のことです。

　②のメンター制度は、厚生労働省の人材確保等支援助成金の雇用管理制度の導入に対する助成に関連するものです。
　この制度を使おうとする際には、いくつかの注意点があります。
- 職場組織上の上司はメンターに就けません（指導をする側をメンター、指導を受ける方はメンティと言います）
- 小規模な会社では組み合わせが作りにくい面があるので「外部メンター」という形も認められています
- メンティは入社3年目までであり、新入職員を戸惑わせないというのが制度の主旨です
- メンターに特別な資格は要りません

③のキャリアカウンセリングは、キャリアコンサルタントという国家資格者が行うもので、社内外を問いません。
　キャリアカウンセリングは、現在の業務と過去のキャリアとの整合性を重視するものですので、メンター制度のメンティにあったような受ける側の年齢制限はありません。

　④の生活指導員・技能実習指導員は、技能実習生に対して就けることが制度上求められているものです。

　生活指導員とは、技能実習生の生活上の様々な場面において指導を担当する者をいいます。技能実習生の相談に乗るなどして、生活状況を把握して、トラブルの発生を防止するという重要な役目です。人事総務部長をはじめとした人事総務部のスタッフが担当していることが多いです。
　遠く祖国を離れて、自社で頑張ってくれている若者を、我が子のように面倒を見てくれるベテラン社員が担当されている会社では、技能実習生との間に信頼関係が生まれ、トラブルはほとんど起こりません。

　一方、技能実習指導員とは、技能実習生が修得すべき技能を、現場で直接指導する者をいいます。指導する技能について5年以上の経験を有することが必要とされています。現場で一緒に作業する製造部長をはじめとした製造部のスタッフが担当していることが多いです。

　李さんは就労ビザの職員ですので本来指導役をつける義務はありません。しかし田尻商事は、①のチューター制度を使い、社さんというチューターをつけています。

１４．波乱　ファンの失踪

　指導役川村によるファンの指導場面である。
　とはいえ、場所は休日の居酒屋。川村はこの後、三宮で友人と会う約束があり、ファンをJR加古川駅経由で三宮の街へと誘った。馴染みの居酒屋に連れて行った。
　焼き鳥が美味しい個室タイプのお店だった。JR三ノ宮駅を出てからファンは西脇とは違う三宮の賑やかさにキョロキョロとしていた。
　可愛い女性の呼び込みもある。ファンは日本には食事をし酒を飲むのに様々な業態があることを知った。基本的に東南アジアの田舎には居酒屋という業態はない。それはメニューやレイアウトの問題ではなく、あるのは飲食で腹を満たすためだけの食堂であり、会話するために酒を飲むような、あるいは飲食した後の２次会で行くような業態はなかったのだ。
　ファンは、日本人がこのような食事をしながら会話するというハイソサエティーな文化を持っていることに対して尊敬と憧れを持つと同時に、少し贅沢をしすぎているのではないかという疑問も持った。

　川村は「どう、仕事には慣れた？職場の人間関係は問題ない？」とストレートに聞いた。
　ファンは「はい」と素直に答える。
　ファンは今までの実習生の中でも習熟が早い方だった。仕事の勘、記憶力、スピード共に申し分ない。
　ファンは「私は日本人がものを作る時、別の何かにも使えるように工夫しているのに驚きました。ベトナムではものを作ったとしても、その時のことだけで、後で別の何かに使えるかもしれないと考えるようなことはありません。これはもったいない精神ですか？」と片言の日本語を駆使して聞いた。
　川村は「それはもったいないもあるけれども、標準化を考えているとい

うことだよ。標準化はベトナム人には難しすぎるなあ。英語のスタンダード！日本人はスタンダードで売れるものを作りたいんだよ」と答えた。
「スタンダード！？」ファンは何となく分かったような気がした。

　飲み会は2時間ほど続いた。
　川村は田尻社長と真下部長に、ファンは全く問題なしと報告しようと思っていた。
　川村は次の約束があるので、ファンを JR 三ノ宮駅まで送り、改札をくぐるのを見届けた。しかし川村は、皆が苦労して作り上げたベトナム人との懇親の飲み会は西脇から出てはいけないというルールを破っていたのだった。悪いシナリオというのはよく当たるもので、この後、ファンを巡り深刻な事件が起こる。

　以前、同郷の先輩が三宮のベトナム料理店で働くと言って日本に行ったと聞いたことがあった。
　駅員に改札から出してもらいターミナルの外に出た。土曜日なので人が多かった。
　ふらふらぐるぐると歩くこと30分。ファンは先輩のいるベトナム料理店を探そうと思っていた。

　このように、夜の宴会などで盛り場の賑わいを知ると、そこへふらふらと入ってしまい、その後ドロップアウトしてしまう技能実習生は少なくない。
　技能実習生には日々会社と寮の往復で管理されている感があるので、いつもと感覚が違ってくるのである。田尻商事のノウハウにおいて飲み会では西脇より外に出してはならないというルールがあるのはこの対策だったのである。
　これは西脇に魅力的な商業施設がないということではありませんので念

のため・・・

　最初、ファンは客引きの男性、女性にベトナム料理店を知りませんか？と言って回った。しかし危うくその店に引きずり込まれそうになったのでそれはやめた。
　そうだ交番だ、と携帯の地図で探して、JR三ノ宮駅前の交番に入った。
「ベトナム料理店へ行きたいのですが」とファンが言うと、少し怪しまれている感じだったが「フレンドが働いている」と言うとその言葉が通じて、巡査は親切に簡単な地図を描いてくれた。
　それは3軒の店の地図で、ファンは一軒一軒、地図を見ながら探そうと思った。
　そして2軒目に、ファンの知り合いのベトナム人の先輩はいた。
「グァンさん！」
「ファン！日本に来ていたの？仕事は製造業の技能実習生？」とベトナム語で会話した。
　それからファンは申し訳程度に料理とビールを注文して閉店までそのベトナム料理店にいた。
　グァンはファンと共に店を出て深夜までやっているバーに入った。
　ファンはもうかなり酔っていた。この2ヶ月間、会社と寮の往復ばかりでストレスが溜まっていた。ベトナムの故郷のことなども話した。深夜にかかり眠さもあり意識が朦朧としてきた。JRもこんな時間になると走っていないのじゃないか？
　グァンは「俺のアパートに泊まれば良い」と言い、ファンはそれに甘え泊まることにした。

　翌日は日曜日。
　グァンがゆっくりしていけとアパートを先に出ると、ファンは西脇の寮に帰るのが嫌になった。

ファンはしばらくテレビを見てから、夕方にグァンのアパートを出て、また三宮に向かった。やはり盛り場をうろつくのは楽しい。
　綺麗な女性のいるクラブのようなところに入ってみようか？
　財布の中には5,000円しかないがこれで大丈夫だろうか、と決心がつかないでふらふらと歩き続けていた。

　その頃、西脇の外国人寮では、ファンが昨日から帰って来ていないということで大騒ぎになっていた。
　社内連絡網でそれを知り一番焦ったのはやはり指導役の川村だった。

　事務所に田尻社長、真下部長、指導役の川村が緊急会議で集まった。
　まず川村から土曜日の経緯の説明があった。ベトナム人との懇親会は西脇市内でというルールを破っていたことと、寮に帰るまでの確認が甘かったことなどについて田尻社長より「何をやっとるんだ」と一喝される。
　田尻社長の叱りはいつも一言だけで、尾は引かない。
　次に対策の検討に入った。
　田尻社長は「これは西脇に帰っていないな。ここでは行くところがない」
　真下部長も「私もそう思います。これから三宮で風俗関係を調べましょうか？」
　川村は「でも三宮のそういうところの数は半端じゃないでしょう？風俗の案内所でも寄りましょうか？」
　真下部長が「しかし、どこで寝たのかな？カプセルホテルとかまだ知らんでしょう？」
　そう言うと以前に起こったベトナム人技能実習生失踪事件の嫌な記憶が蘇ってきた。
　ここで会議をしていても時間の無駄で、事は一刻を争うということになり、3人はJRに飛び乗った。

JR三ノ宮駅のホームに降りて、川村が「とりあえず駅前交番に寄って情報収集しましょうか？いや、そういうところへ行くと失踪届とかややこしくなるかな？」
　ここで田尻社長は「いや、交番に行こう」とある意味正解に近づいていった。
　駅前交番に入り川村がファンの写真を見せて「昨日の夜からこのベトナム人と連絡がつかないんですが」と言うと座っていた若い巡査が「そのベトナム人なら昨日の夜、ベトナム料理店の場所を教えてくれとここに来ましたよ」と言った。
　田尻社長は手がかりがあったという幸運に声を弾ませ「そうですか！その紹介したベトナム料理店を教えて下さい」と言った。
　若い巡査は３軒のベトナム料理店の地図を描いた。
　最後に「ベトナム人を雇うと大変ですね」と同情顔になった。
　３人はその３軒を順番に探すため歩き始めた。
　１軒目、写真を見せたが反応はなし。
　２軒目、店のドアを開けるとそこにファンが座っていた。
　ここで一番救われた顔をしたのは、やはり前日に行動を共にしていた指導役の川村だった。

　田尻社長ら３人とファンはそのまま西脇の会社へ帰ることにしたが、田尻社長はその前に交番の巡査にお礼に行く配慮を忘れなかった。

　会社に帰り、ファンは田尻社長に「外泊するときは報告しないと駄目じゃないか」と一喝されたが、ここでも一言だけだった。
　ファンはタクシーで寮に返された。

　３人はそのまま会社に残り会議をした。田尻社長は「私はファンは大丈夫だと思う。目が死んでいなかったし、態度も拗ねたものではなかった」

と言った。

　真下部長も「私も大丈夫だと思います。ただ川村次第だと思います。川村がルールを最初に破ったんですから」と言って川村の方を見て、社長とあははと笑った。

　川村は「すみません」と小声で言って頭を下げた。

　このように会社のノウハウというのは失敗をして、ヒヤリとしながら身につけていくもので、外国人活用についても同じである。

　翌日の月曜日にファンが普段通り出社したことにより、この失踪事件が後を引くことはなかった。

コメンタール　失踪とその対策

　技能実習生の受入れを志向する企業が最も懸念するのはこの失踪問題でしょう。ここでは、失踪動機とその対策について説明します。

１．法令違反と失踪
　技能実習制度については、残業代の未払いや長時間労働、暴力など様々な法令違反についての報道がなされています。
　失踪を防止するために、パスポートを取り上げたり、貯金を強制して通帳を会社が預かったりするところすらあります。
　劣悪な労働条件や生活環境から、国連からは人権侵害、米国からは強制労働だと批判されています。

　2018 年の年末に、いたたまれない事件がありました。神奈川県内の食品工場で働いていた女性の中国人技能実習生（22 歳）が出産直後の乳児を毛布にくるんだ状態で住宅敷地内に置き去りにしたというものです。彼女は取り調べに対し、「会社に知られたら日本にいられなくなるので、日本人の家に置けば育ててもらえると思った」と話しています。幸いなことに乳児は無事でした。
　実際に、女性の技能実習生が妊娠したら帰国してもらう、という運用をしている送出し機関、監理団体、受入れ企業も少なくありません。日本に行く前に、技能実習生は送出し機関とそうした内容の覚書を交わしているのです。
　もちろんこうした女性に対する不利益取扱いは、男女雇用機会均等法第 9 条違反に当たりますし、人権侵害以外の何ものでもありません。2019 年 3 月に入管と外国人技能実習機構が連名で、技能実習生に対するこうした

取扱いを行わないよう注意喚起を出しています。

　こうした法令違反が一因となり、技能実習生の失踪が増加しています。国会でもこの問題が大きく取り上げられたことをご記憶の方も多いでしょう。

技能実習生の失踪者数の推移

国名	2016年	2017年	2018年
ベトナム	2,025	3,751	
中国	1,987	1,594	
カンボジア	284	656	
ミャンマー	216	446	
インドネシア	200	242	
その他	346	400	
総数	5,058	7,089	9,366
全技能実習生に対する割合	2.4%	2.8%	3.0%

　出典：法務省　技能実習制度の現状　（不正行為・失踪）
　　　　法務省　技能実習制度運用に関するPT　調査・検討結果報告書

　このように技能実習生の失踪者数は、毎年大きく増えているのが現状です。その動機は、次の通りです。

技能実習生の失踪動機　（複数回答、法務省「聴取票」）

1．低賃金　　　　　　　　　　67.2%
2．実習後も稼働したい　　　　17.8%
3．指導が厳しい　　　　　　　12.6%
4．労働時間が長い　　　　　　7.1%
5．暴力を受けた　　　　　　　4.9%

出典：日本経済新聞　2018年11月18日

　法令に違反し、賃金の未払いや極端な長時間労働などが一因なのは間違いありません。
　しかし、失踪が発生した受入れ企業がすべてブラック企業なのかといえば、決してそうではないということは指摘しておきます。

　技能実習生の失踪動機で、最も多いものを一言でいうなら「このままでは来日前に想定していた金額を稼げそうにない。借金を返したらほとんど残らない。私と家族の夢はいったいどうなるのか。一族の期待を背負って来日しているのに、恥ずかしくて帰ることなどできない」というものです。
　思っていたほど残業がなく稼ぐことができないので、SNSでつながった同国人の甘い誘いに乗って、失踪し不法滞在しながら働くという選択をしたのです。
　長時間労働に対して厳しい目が向けられている現在、受入れ企業が、36協定で定めた月45時間という残業時間を守っていることが、技能実習生にとっては残業時間が少なすぎる、ということになっているのです。

２．トラブルを予防するための対策

　では、トラブルを予防するための対策をいくつかご紹介します。
　重要なことは、コミュニケーションを密にとり、信頼関係を築くということに尽きます。

　まず、不満の芽は即時に摘み取らなければなりません。
　その芽を見つけるためには、愚痴を聞いてやり、不満を聞き出す必要があります。
　それが職場だけでは難しいのであれば、日頃から寮を訪問して積極的にコミュニケーションをとることが重要です。また、定期的に食事会などの場を持ち、全員を招待し、話をしやすい雰囲気を作るのもよいでしょう。

　次に、中国とベトナムの最大の祝日は、旧正月である春節とテトです。本国では、出稼ぎに出ていた人たちも皆、田舎に帰り、家族みんなでにぎやかに新年を祝います。旧暦の新年なので、毎年、日は変わりますが、いつかということは事前に分かっていることです。企業の年間計画、年間カレンダーを作成する際に、これらの日については、技能実習生全員に有給休暇の取得を認めるという予定で組んでいただきたく思います。
　一部の技能実習生からは、１週間程度、帰国したいとの申し出があるかもしれません。彼らにとってはそれだけ重要なことでもあるので、できる限りの配慮をお願いしたいものです。
　帰国しない技能実習生も大晦日は、スマートフォン越しに、家族とテレビ電話で新年を祝います。ビールや食べ物を差し入れると大変喜んでくれます。

　また、職場や生活上、問題があったときに、周囲に大勢の人がいる場面で叱責してはいけません。特に中国人は面子（メンツ）にこだわります。

呼び出して、個別に指導するようにしてください。
　厳しく指導した際には、しばらくして少しでも改善が見られたなら、食事に誘うなどのフォローアップも効果があります。

　最後に、必要な同意は、入国前の雇用契約締結時に書面にしておくことが重要です。よく問題になるのが、帰国時に必要な金銭を支払ってもらわなければならないにも関わらず、技能実習生がそんなの聞いていないと支払わないということです。
　例えば、住民税の翌年度の負担分を帰国時に一括して支払ってもらわなければならない場面や、寮を引き払うにあたり発生する原状回復費用の負担等です。特に、後者については、技能実習生が寮を出てすでに帰国した後になって、具体的な金額が分かるため、お金をいったん置いていってもらわなければならないのです。
　したがって、帰国前に揉めることのないよう、すべて入国前に書面にしておくのです。

3．失踪を予防するための対策
　トラブルは、外国人に限ったことではなく、日常的に起こることで、これらに対するノウハウはそれなりにあるでしょう？
　進んでいる企業では、起こりやすい業務上、生活上のトラブルに関するガイドブックを作成し、外国人に渡して説明するというようなところまで工夫されています。

　ただ、やはり気になるのは失踪してしまった場合の対応でしょう。
　まずは、労災事件などと同じく、その事実を隠そうとしないで関係機関の協力を仰ぐということが重要です。
　もちろん警察も協力してくれます。

そのようなことを頼んでいいのかという心配をされる会社もあるのですが、外国人も税金を払っている立派な市民ということになりますので当然権利はあります。
　警察は表向きに見られている以上に様々な情報を持っていますし、広域捜査の仕組みも持っています。

　次に、失踪のパターンを説明しておきます。
　圧倒的に多いのがこの STORY に出てくるように、先に来日している同胞から新たな（ブラックな）仕事に誘われるというパターンです。
　ということは外国人の友人関係をしっかり捉えておくということが予防策になり、事件が起こってしまった時の手がかりとなります。
　また在留人数が多い国については、早くから日本に在留していて人材派遣業をやっているようなその国のキーマンがいます。そういうキーマンは人材情報が命運を握るだけに、相当な情報の網を持っています。できればそのような人とコネクションをつけておきたいものです。

　最後に、STORY の方でも匂わせていますが、単独行動をしている時に夜の歓楽街にふらふらと消えていくというパターンもあります。
　この対策は STORY の方で紹介している通りです。

１５．外国人も情報交換している

　ここで、この小説の冒頭に登場した北京流通大学の林教授が再度登場する。
　林教授は大学を退官し、その記念に夫婦で日本旅行をしようということになった。そこで李が関西滞在の際のガイド役を買って出たのだった。

　李は午前中、神戸の北野異人館などの観光地を紹介し、昼食は元町の中華街を案内した。やはり中華料理が無難だろうと思ったのである。
　料理を前に、林夫人が「今回は本当にお手数かけました」と中国語でお礼を言った。「私からもお礼を言う」と元教授は同調した。
　そして「李さん、この前私の謝恩会に来てくれた時、周りにアメリカ行きが決まったものや公務員試験に合格したものがいて、肩身が狭かったかもしれない。しかし、こうして日本に来てみると素晴らしい国だと実感したよ。あなたの将来が最も伸びる可能性があるのかもしれない。彼ら彼女らはいわゆるエリートコース。エリートコースは才能にあふれたものがひしめき合っている。そこにはそれなりのヒエラルキーができあがっているのかもしれない」
　李は「はい」と素直に答えた。
「今後ものびのびと仕事をしていきなさい。でも時々は中国の政治の情報を収集しておかないといけないよ。我々中国人はどこにいても国の意向に逆らっては生きていけないんだ。これは国家の政治に対して従順になれということではないんだよ。中国の諺にも『上に政策あれば下に対策あり』という有名なものがあるだろう。そういう情報については聞いてくれたら、私の知る限りで教えてあげよう。そして仕事で困ったら私の関係（グワンシ）を使ったらいい！大したコネはないがね」と言うと夫人も少し笑った。
「私の教え子たちも、今では各組織の重要なポジションに就きつつあるのでそういうのも活用したらいい」とも言った。

李はこの言葉に対して、自分はやはり中国人なのだということを再認識した。日本に来て自分個人の事に必死になり、それを忘れていた。元教授の言うことは正しいと思った。

　自分が中国人であるというナショナリテイを抜きにしては生きていけないと改めて感じた。そして、大阪の中国総領事館に挨拶に行ってこようと思った。

コメンタール　外国人ネットワーク

　このように世界中に散らばった中国人は海外で結束して、常々政治的な情報を収集し、コネクションを活用したりして、その国での地盤を築く努力をしています。
　この海外での中国人のネットワークを華僑と言います。

　形を真似ようとしたのか、海外で日本の駐在員などが和僑という組織を作ろうとしましたが、あまりメジャーなものにはなっていません。
　日本の場合、県人会などを見ても分かるとおり、同じルーツを持つ者同士の懇親会的な意味合いが強いようです。

　華僑と和僑の発展性の差は、その国で足場を築いていこうという者と、いつかは帰る（あるいは帰れる）と思っている者の覚悟の差なのでしょう。

16．世間話　ベトナム人技能実習生

　西脇にあるベトナム人技能実習生の休日の寮風景である。
　田尻商事は1度に2人ずつを受入れ、最大4人まで受入れることにしている。
　グェンとファンが男性、ヤンとチャンが女性である。
　休日にグェンの部屋に集まり会話している。

ヤン「ハノイで青菜が、1房5,000ドンだって！だんだん、日本に近づいてきたわ！」
チャン「技能実習制度が5年に延ばされても早く帰らないと貯めたお金の価値が出ないわね」
ファン「結局、人が往来し始めたら、世界の物価は平準化されるのかも」
と言うと沈んだ雰囲気となる。

チャン「ベトナムでも日本の紅白歌合戦のようなものが出来て、去年の女性のトリはJun Vu（ジュン ブー）だって、視聴率が60％あったんだって」
グェン「5人に3人が見ているのか？俺も見たかったなあ」
ヤン「日本も昔はそれくらいの視聴率だったんだって」
と会話のネタはどんどん移り、最後には田尻商事の話になった。

ヤン「この前の会社の宴会で、製造部のTさんに2次会に誘われたの。断ったけど」
チャン「私も誘われたことがあるよ。でもあの人、飲むとちょっと目つきが・・・」と会社の要注意人物の話題になった。
　このような話題は外国人特有のものではなく、通常のOLの会話と同じであるが、日本人社員も評価されているので要注意である。

１７．李さんの関係（グワンシ）

　野球で言えば、真剣に練習を積み重ねている者はいずれヒットを打つ。外国人活用についても同じことが言える。

　田尻社長と李は、中国済南のホテルのレストランの個室にいた。
　新規で取引を始めてくれるという会社への営業だった。
　田尻商事では、訪中時、就労ビザで来ている中国人職員が通訳として同行する。これも田尻社長が就労ビザで狙った効果だった。
　外国人職員は出国時に日本への再入国の申告をしなくてはいけないので注意が必要だ。

　商談相手は山東商事有限公司の蔡社長。
　この会社は小売業ではなく、中国の各地域に卸す商社である。ここ済南は青島と天津の中間にあり、観光地ではないのであまり日本では知られていないが人口700万人を抱える山東省の省都である。
　「蔡社長どうでしょう？当社の製品の中では最も評判の良い高品質のワイシャツです」これを李が中国語に訳す。
　田尻社長が押しても蔡社長の顔色は変わらなかった。
　新規取引をすることには内諾を得ており、値段の交渉も終わっているのだが、山東商事の意向としては、最初はごく少数のパイロット貿易から始めたいというものであった。初めて取引をする相手に対して当初のリスクを少しでも落としたいと思うのは当然のことである。
　対して、田尻商事側はそれでは保険料などのコスト面で割高になる。
　豪華な料理を前に、雰囲気は硬直した。

　そこで李が一言、中国語で蔡社長に囁いた。
　蔡社長も中国語で返すが、このやりとりを田尻社長は聞き取れない。

蔡社長は少し浮かぬ顔で立ち上がり「洗手間(シーショウジェン)（トイレ）に行きます」と中国語で言ってレストランの個室を出て行った。
　すかさず李が「田尻社長、説得してきます」と言って立ち上がり蔡社長を追った。
　手の付いていない豪華な食事を前に、田尻社長は２人を待つしかなかった。

　ちなみにこのような接待の場の費用は中国側の負担で行われることが多い。中国の企業もこのような接待交際費用には一定額を見込んでいるのである。
　近年は、ホテルを使っての豪華な接待はこのように外国から取引希望者が来た場合に限られている。
　中国側は取引しているホテルなどに義理を立てるためもあって外国からのアプローチを待ち望んでいる雰囲気がある。
　よく中国人は反日感情が強いと言われるが、このような商談において中国の民間企業にそのような意識はない。
　政治と経済は別、また政府の施策と民間企業の活動は別なのである。

　15分ほど経って蔡社長が戻ってきた。
　雰囲気はがらりと変わっていた。田尻社長に近づき握手を求めてきて「好、好！300箱OK！」と田尻社長のオファーに同意した。
　契約書にサインがなされた。通訳の李もそれを見守った。
　契約成立後も何度も蔡社長は乾杯を重ねてきて、契約成立の友好ムードを盛り上げた。この田尻社長、酒はあまり強くない。宴の終盤はほとんど李が飲む役を担った。

　会合は滞りなく終了し、2人は蔡社長をホテルの出口まで見送り、田尻社長はラウンジへ李を誘った。

李が田尻社長に説明するには、トイレで中座した時、蔡社長に「こんな高品質な商材はありませんよ。中国の消費者にも必ず受け入れられます」と説得したとのことだった。
　田尻社長は「よくやってくれた」と李を褒めたのだが、ことの真実はまた違うんだろうなと思っていた。
　中国社会にも断れないコネクションのしがらみがある。
　李も親が上流社会の人間であり、親のコネか、大学のコネか、行政あるいは共産党のコネクションを使ったのだろうと推測した。

　果たして真実はその通りだった。李は中国訪問前に蔡社長の人となり、プロフィールを徹底的に調べ上げていた。
　そして、断れないであろう親の知り合いの共産党のコネクションを切り札で出したのだった。

　この事例のように海外で物を売るということにはその国の様々な事情が絡んでくる。
　邦人が海外で物を買う際には、値段だけの交渉になり決断さえできていれば比較的簡単にまとまるのに対して、海外で外国人に物を売り代金を回収するのはその10倍難しいのである。
　そういう意味でその国の事情も分かっている人が近くにいてくれるのは非常にありがたい。
　そういうことも想定して、田尻商事は中国人を就労ビザで職員として採用している。
　海外で物を売りたい企業にはこのように、その国に近づく努力が必要であるが、通常、中小企業にはその視点が欠けている。
　例えば、社長も社員も全く行ったことのない国への輸出なり小売なりを志向し、理屈だけで「これがこの国で売れるはずだ」とマーケティングしているような例は意外と多いのである。

話は戻ってSTORYの方では、この一件で田尻社長の李に対する評価が変わったことは確かである。
　しかし李の自信過剰が後半、この会社に波紋を起こす。

コメンタール　　中国社会における「関係」（グワンシ）

　中国人の自己中心的な性格は、日本においてはどちらかというと避けられるべきものですが、それは、自分を中心に人間関係を形成して行くという中国社会の強みにもつながっているのです。中国人は、その人が自分との距離が近い人だと認識すると、関係性を一気に変えるのです。
　中国社会における「関係」（グワンシ）は図表の通りです。関係性の強い順に輪の内側から並べています。

① 親人（チンレン）　最も親しい人で、日本人の肉親に近い感覚
② 朋友（ポンヨウ）日本語の友人より深い関係で真に本音を言える関係
③ 熟人（シューレン）知っている人という感覚
④ 生人（ションレン）日本語でいう一見さんのイメージ

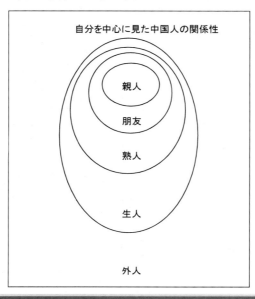

少し補足します。

①親人（チンレン）は肉親に近い感覚といっても、日本人の持つ肉親よりも深い関係のイメージで、運命共同体と言えるものです。
中国で英才児が生まれたら一流大学を卒業するまで、親族全体で資金的に支えるなどはこれを示します。
②朋友（ポンヨウ）は日本の友人関係より深く、①②までが自分の身内と言う感覚で、中国人にはこの①②のコネクションを広げていきたいという思いがあります。
これが中国で言われる「関係」（グワンシ）の本質です。
③熟人（シューレン）には同じ職場であってもあまり話さない人が含まれます。同じ職場であればある種の関係性を感じる日本人とは違うことに要注意です。
④生人（ションレン）が一元さんなので、⑤外人（ワイレン）は現在知らない人のことです。日本語の外人が、国境で線を引いていることと比べると、少し認識が違います。これも興味深いところです。

ここで言いたいことは、中国人と「朋友」以上の関係になるということは、①②のコネクションを広げていきたいという中国人と繋がりができたのですから、自分の人脈もそれにつれて広がっていく可能性があるということです。

STORYでは、田尻社長はこの中国人の特質をうまく活用しています。

18．QC活動

　田尻社長は、日本人と外国人のコミュニケーションを良くして、仕事をスムーズに行うようにするためには何をしたら良いのかと考え、日本の製造現場で昔から行われているQC活動を採用することに思い至った。

　この物語の一方の主人公ベトナム人のファンは日本式のこの会議が素晴らしいものだと感じていて、毎回熱心に参加していた。
　特に今回は提言したいことがあったので緊張していた。
　ファンはハノイの大学を卒業しているのだが、専攻は流通論であり、その実践にも興味を持ち、将来は家族でサービス業を営みたいと思っていた。飲食業でのアルバイトも経験した。その中で最も関心を持ったのは顧客や店員の動線だった。
　発展途上国の繁盛店では、うまく人の流れをさばかないと店の中がパニックを起こしてしまう。
　そこでアルバイトをしながら、厨房内のレイアウトやお店の中のテーブルの配置などに細かな工夫をした。
　その経験から、この製造現場でのレイアウトには少し無駄があるような感じを受けたのだった。

　QC活動も最後の場面にさしかかり、このQCグループのリーダーをしている川村主任が「要改善項目に追加があれば、次までに考えてきてくれ。では何もなければ終わろうか？」と言うとファンがおずおずと手をあげた。
　ファンはたどたどしい日本語で「皆さん、前からこの作業場でおかしいところがあると感じていました」と言って立ち上がり、工具箱の方を指さし「この工具箱はなぜここにあるのですか？忙しい時は、取りに行く人同士がぶつかったりします。小さな箱に分けて、皆の作業机の横に常備した

らどうですか？」
　皆、真剣な顔でファンの発言を聞いていた。
「それからもうひとつ、この裁縫機ですが、作業が終わるとあちらの裁縫機置き場に持っていきます。朝の作業開始時にまた、この作業机に持ってきます。これは何の意味があるのですか？場所を往復しているだけではないでしょうか？」
　皆、目をぱちくりとさせている。頷いている者もいる。
「二人一組でこの裁縫機を持ち上げますが、女性は重くてつらそうな顔をしています」これには日本人の工具達も全く黙り込んでしまった。
　ファンの、なぜ？という質問に二つとも答えられなかったのだ。
　リーダーもこのあまりにシンプルで核心をついた質問にしばし答えられず「今日は時間オーバーだから皆さん、ファンさんの提案について来週までに考えてくるように」とお茶を濁した。

　川村はそのＱＣ会議終了後、ファンの提案をそのまま田尻社長に伝えた。
　社長は第一声「取り入れたらいいじゃないか。なぜそれに今まで気がつかなかったんだろうな？皆この職場が長いのでそれが常識となって気づかなかったんだろうな。面白いもんだな。ベトナムから来た技能実習生にそれを指摘されるだなんて」
　この田尻社長、良いことだと思えば決断力は非常に早い。
　翌日、真下部長と川村主任がホームセンターで、工具を小分けにするための収納箱を工具分購入した。業務終了後も移動させることなく、作業机に据え付けておくことになった。

　この件でファンは、ＱＣサークルで良い提案を出したものに贈られるＱＣ特別賞を受賞した。田尻社長はファンのこの提案を高く評価したのだった。それは改善効果が日々累積するからだった。

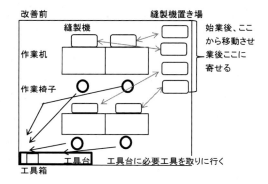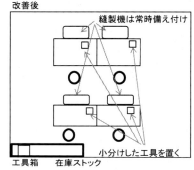

　このような動きやすいレイアウト作りは大手メーカーや流通のフランチャイズ店舗などでは常に考えられている。しかし情報量の少ない中小企業では意外と抜けていて、時に無駄な移動をしているケースがある。

　そうしたケースには、異業種の人から意見を聞くという、ある意味ショック療法的な処方が有効である。

　小さな会社では自己刷新しにくいが故に、非常に意味がある。これは外国人の目で見てもらうことでも、同様の効果を得ることができる。

コメンタール　COME　BACK　QC！

　このＱＣ活動は昭和中期から後期にかけて、アメリカから流入した考え方が日本式に形を変え発展した。しかし現在はでほぼその姿を消し、採用している会社はごくわずかである。

　なぜＱＣ活動が廃れたか、その理由を考えてみると、

・　関連書籍やネットなどの発達で情報があふれ、改善方法についてあえて話し合って考える必要がなくなった

- 労働時間管理がシビアになり、業務時間からはみ出し気味になるこのような活動をやっている余裕がなくなった
 （初期にこのＱＣ活動に取り組んでいた企業では、終業後にサービス残業で対応していたのではないかと思われる）

　しかしＱＣ活動は、田尻商事のような日本人と外国人の混在した企業においてはコミュニケーション促進という面で大いに効果がある。

１９．運動会

　スタートラインでは、日本人社員４人とファンがスタート態勢に入っていた。
　運動会の企画運営会社の担当者がピストルを天に向け「よーいどん」（パン！）と鳴らす。ここまではベトナム人技能実習生が全て１位だった。
　ところがスタートを切るとファンがみるみる遅れ始めた。
　のんびりと応援席で眺めていた真下部長は「なんや今年のベトナム人は珍しく足が遅いじゃないか」とボヤいた。田尻社長の方に目をやると、社長は面白そうに笑っていた。

　外国人を受入れている企業は、いかに日本人と外国人を交流させるかについてそれぞれ工夫を凝らしている。STORY 前半の解説で述べた通り、外国語教室のリーダーになってもらっているような事例もある。
　田尻商事はベトナム人技能実習生を活用し始めてから、企画運営を代行会社に委託し、運動公園を１日借り切って、日本企業の間で忘れ去られた感がある運動会を実施している。慰安旅行と運動会が候補として残った時に、田尻社長は運動会を選択したのだった。
　人数が少ない会社なので出場機会が多く大変なのだが、誰もが楽しんでいた。
　運動会のメニューには、綱引きや玉入れ（チームワークの発揮）、親子で手をつないでの競争（社員家族への感謝）、ミニマラソン（身体を鍛える）などがある。
　そして短距離競走と二人三脚。これが次のシーンである。

　短距離競争などは、たいてい発展途上国で育った者の方が速いに決まっており、このメニューはベトナム人に花を持たせようと社長が企画したものだった。

二人三脚には、外国人とその指導役を組ませることで、コミュニケーションを深めるという狙いがあった。

　スタートラインに社美和子と李の姿があった。「よーいどん」で走り出すも、全然呼吸が合っていなかった。真下部長はこの組だけを見つめていた。
「なんやこっちも全然息が合わんやないか」と言いながら社長の方を見た。
　これには田尻社長も苦笑し「今日は李さん、えらい楽しそうやないか。あんな笑顔を日本に来て初めて見た」とつぶやいた。
　この時、李は笑いながら目を滲ませていた。自分が日本人と組んで二人三脚をしていることが信じられなかった。中国の学校にも運動会はあったが、中国の運動会というのは全員参加ではなく、ランニングなら事前にタイムを測り、優秀者だけがエキシビジョンのような形で出場し、体力の劣るものは終日応援だけに尽くすのだ。
　このように中国社会は弱肉強食の精神を若いうちから植え付けていく。
　李は運動会という会社行事に参加できたことが嬉しくて仕方なかったのだ。

　なぜか李が泣いているのを見つけた社の方が意外な顔をした。
　二人三脚がうまくできなかったことで自分に頭を下げ、手を握ってくる李に対し、社は少し考え方を改めた。

　2人の絆は少し深まった。

コメンタール　懇親行事

　我が国では、STORY に出てくるような懇親行事について、平成不況による経費削減で真っ先に見直しがかかりました。
　ここでは外国人に限らず、企業イベントとしての懇親行事はいかにあるべきかを再検討してみましょう！

　まずは飲み会が考えられますが、現代の日本人の若者にはあまり歓迎されていません。先輩から昔は良かったといった自慢話を聞かされる、あるいは仕事上の説教を聞かされるなどが拒否感を示す要因になっているようです。
　もちろん、アルコールを潤滑油としてコミュニケーションを深めるという効果があることは否定致しません。

　次に慰安旅行はどうでしょうか？
　これには、懇親効果が落ちてきているということに加えて、社員全員が会社所在地を空けるというリスクがあることに注意してください。

　そこでいささか消去法ですが、本 STORY で示したようなゲーム性があり皆が楽しめるイベント企画をお勧めします。
　最近ではスポーツとコミュニケーションを組み合わせたようなメソッドを開発している企業もあります。
　外国人に主催してもらって、その国の芸術・文化教室や外国語教室を開催している企業もあります。
　この分野についても、先行的に取り組んだ企業から多くのノウハウが出来ていくというのは言うまでもありません。

２０．李の失敗

　李の仕事の習熟度は予想以上の速度で上がっていった。
　これには社の方が驚いた。一度説明したことはメモを取らずとも全て頭の中に入っていた。知識を記憶するだけでなく、それが実務にも直結していた。日本人の新人を教えてもこうはいかないだろうという速度だった。

　好事魔多し。
　業務にも慣れ、３ヶ月が経った頃に李はとんでもないミスをおかした。保険をかけ忘れて、輸出を実行してしまったのだ。
　しかも不運なことに輸送中、商品の一部が破損して田尻商事が損失を被らざるを得なくなってしまった。その額は３百万円にも及んだ。
　この事件で最もショックを受けたのは当事者の李だった。このようなミスは中国では致命的で、解雇になるからだった。ショックで数日間ほとんど口も聞けなかった。
　しかし、李は日本人の優しさに驚いた。会社の損失を自覚しつつも社長以下誰もが、あまり怒らないのだ。
　それどころか李が沈んでいると元気付けようと声をかけてくれる。これには奇妙な感じを受けた。
　日本式経営は何事も長い目で見ているのだということを痛感した。

　李が困ったのは恩義の問題だった。
　失敗しても許してもらえたことや優しく声をかけてもらった事について、いわゆる恩義を感じなくてはならない。井戸を掘ってくれた人への恩義を忘れない」という諺があるように中国にも恩義に対する意識はある。いや、日本人より、その思いは強いかもしれない。
　そうするとその恩義をどのように返して行ったらいいのだろうか？
　考えても結論は出なかった。

思い切って正直にその心理を社に打ち明けた。
　その答えはある意味いい加減で、ある意味日本社会を反映していた。
「日本はねえ、評価システムといってもいい加減なものなのよ。業績評価に徹しきれていないの。これは大企業も中小企業も同じで、出世も人間性とか人格で決まるの。李さんにはそれが納得できないかもしれないけれど」
　李は返答することができなかった。中国式と日本式のどちらがいいのか全く分からなくなっていた。

コメンタール　中国式と日本式

　この話の通り、業績査定や人事査定の厳しさでは中国の方が上です。

　この厳しさは鄧小平が中国南部の沿海部を経済特区に指定し、資本の自由化を認めた時に始まりました。民間企業の社長となった者たちは、資金を国から借りてスタートし、短期間にノルマをこなせないと経営者失格とされ去っていきました。

　中国で、求められるのは純粋な業績数値で、人格や、努力のプロセスは評価されません。
　中国式と日本式、それぞれの良さがあるのは事実ですが、近年のGDPの差を考えるに、日本式はコミュニケーション力では勝るものの業績の推進力では負けているのかもしれません。

　注）中国語では、一般的に中式（チョンシー）、日式（ジーシ）と言います。

21. しみじみ会話　ファンさん

　ファンの方は2年の時間が経ち、3年で満了帰国するのか、あるいは技能実習生として4年目5年目を目指すのか、特定技能への資格変更を目指すのかの選択が迫られる時期になっていた。

　川村は業務を終えると「西脇」の食事処にファンを誘い、気持ちを聞いた。「ファンさんどうする？会社は技術力の高いファンさんには是非とも残ってもらいたいと思っている。私の意見も同じだよ」
　ファンは少し困った顔になり、「はい、この会社で2年間仕事させてもらって、日本という国がとても好きになりました。でもまだ日本に残った後のビジョンがよく見えません。新たな制度で残る人たちがどのように生活していこうとしているのか逆に聞きたいぐらいです」
　「そうか。そうだよな、分かるよ」
　川村にはその気持ちが痛いほどよく分かった。
　人手不足というのは日本の事情であり、日本に出稼ぎに来ている人達にはあまり関係ない。
　結局、このファンの疑問は消えることはなく、時が経つにしたがってより大きくなっていった。

コメンタール　新たな在留資格「特定技能」の問題点

　新たな在留資格「特定技能」の創設はいささか早急すぎる感があり、様々な矛盾が発生することが心配されています。
　STORYのこの節のように、すでに在留している、あるいはこれから日本に向かう技能実習生も不安を抱いています。
　どのような問題点があるのか考えてみましょう！

　ファンさんは今の技能実習から特定技能へ資格を変更すべきかと悩んでいます。
　ここでは、その特定技能の構造的な問題点を2点指摘しておきます。

1．期待した人数が来てくれるのか

　国民の移民アレルギーへの配慮から、政府は「移民政策と誤解されないような仕組みで受入れる」として、5年間で34.5万人という上限を設定しました。
　さらに、特定技能1号では、永住権の取得を認めない、家族の帯同も認めない、ということにしました。
　ではこの条件で果たして、技能実習で最大5年＋特定技能1号で最大5年＝10年も日本に滞在してくれるのでしょうか。また、そもそも日本へ来てくれるのでしょうか。

　こんな例があります。
　日本は2008年から介護の分野で、EPA（経済連携協定）を通じて、インドネシア、フィリピン、ベトナムから介護福祉士候補者の受入れを行っています。

これは、日本で4年あるいは5年就業する間に、介護福祉士資格を取得すれば、その後は在留資格の更新に制限がなくなり、ずっと日本で働き続けられるというものです。
　しかし、せっかく介護福祉士試験に合格したにもかかわらず、在留資格の更新をせずに帰国してしまう人が多いのです。

　その最大の理由は、やはり「家族と離れているから」というものです。母国に戻って結婚したい、配偶者や子供と一緒に暮らしたい、両親や祖父母が心配して帰ってこいと言っている等です。
　「日本で介護福祉士資格を取ったという実績があれば、母国の日系企業や介護施設で良い条件で働くことができる」や「引き続き日本の介護施設で働いたとしても、勤続年数の伸びや資格取得によって昇給するということがほとんど期待できない」ということもあります。

　以上より、現在の条件で、8年や10年も外国人が日本に滞在してくれることは難しく、期待した人数が来てくれないということも十分考えられるのではないでしょうか。

2．5年間の最大受入れ人数で足りるのか
　もう一つは、5年間の最大受入れ人数34.5万人で足りるのかという問題です。
　例えば、特定技能1号の介護では、5年間の最大受入れ人数が6万人ということになっています。
　その算出根拠は、
　向こう5年間で見込まれる人手不足が30万人。
　それを充足するために、介護ロボットやITの活用等により1％の生産性向上を図り、2万人分に相当させる。

さらに、処遇改善や高齢者、女性の就業促進等で、新たな国内での雇用を22万人生み出す。
　残りの6万人はどうしても足りないので、特定技能外国人を受入れることになった、というものです。

人手不足	30万人
	ー
生産性向上	2万人
国内人材	22万人
	＝
特定技能	6万人

　すでにお気付きだと思いますが、介護分野において国内人材確保への努力はこれまでずっと続けてきたにもかかわらず、深刻な人手不足が起こっているのです。22万人の新たな雇用確保への秘策とはいったいどういうものなのでしょうか。
　仮に22万人が新たに入職したとしても、ほぼ同じ数の人数が辞めているのが現状です。
　22万人の国内人材のうち、確保できなかった分は、特定技能外国人に頼らざるを得ないのです。

２２．しみじみ会話　李さん

　李と社のコンビの方である。
　２人は次第に打ち解け、李のサバサバした性格が社にマッチしたのか、時々一緒に飲みに行くようになっていた。
　李は就労ビザの期間を更新し、会社内で重要な位置を占めるようになっていた。特に対中国の新規取引先開拓の際には、田尻社長の懐刀のような存在になっていた。
　中国内でのコネクションもあるが、リスクを恐れない李の性格が新規取引先開拓には向いているということが分かったからだ。

　李は今後のプランについて、社にだけは事前に話しておこうと思った。それが日本においても筋というものであろう。
「社さん、もし私が会社を退職すると言ったら社長や真下さんは怒るでしょうね」
「辞めるの？怒りはしないと思うけれどもがっかりするでしょうね・・・それで、辞めてどうするの？」
「日本で会社を作りたいのよ」
「起業するの？李さんならやっていけそうな気がするわ。でも田尻社長が悲しむでしょうし、それより・・・」
「それより？」
「私も寂しい」
　それは李が最も恐れていた答えだった。

２３．李の独立プラン

　李は就労ビザの３回目の期限が切れる半年前から自分の描いていた独立プランの策定に入った。
　それは在留資格「技術・人文知識・国際業務」の更新はせずに「経営管理」で独立するということだった。
　「経営管理」での起業には最低２人のスタッフが要るが、それは自分のコネクションで既に目処がついている。
　独立する業種は当然ノウハウを培った貿易業だった。
　この２年半で、中国で売れそうな日本の商材をいやというほど発見した。その商材をアリババに出店している中国の企業に持ち込めば、成果を出すのは簡単に思えた。コストから逆算した必要売上も達成出来るように思えた。
　しかしこの思いを田尻社長に伝えねばならない。会社は前任者が辞めた時のようにまた人探しで苦労することになるだろうと思うと気が引けた。こんな辞め方をする自分は退職後にこの会社を一切頼ってはいけないとも感じていた。

　気を揉んでばかりいても時間が経つばかりで、それが嫌な一本気の李は、勇気を出して田尻社長に「相談事があります」と自分の思いを打ち明けた。
　社長に自分のベンチャープランを説明した。田尻社長はそのことを予測していたかのように穏やかな顔で聞いていた。
　李は「２年半前に入ったばかりで田尻商事の皆様にはご迷惑をかけることも分かっています。ただこのビジネスは、自分のコネクションですぐにでも決まりそうなところがあり、スタッフも目処がついています」と言った。
　田尻社長は「李さん、これまでの業務で日本のことが分かったのかな？まだそのスタイルで経営を始めるのは早いのではないかな？」と怒った様

子もなく、あくまで優しく語った。
「李さん、日本の社会というのはあなたが考えているよりもっと複雑なものなんだ。あなたのようなプランで起業した人はほとんどが失敗している。厳しいかもしれないが、それならまだ中国人なら中華料理、インド人ならインド料理のように誰もが分かる形で独立した方が成功する可能性は高いだろうな・・・」

田尻社長はその理由を優しく説明した。
「日本国内で起業した中国人社長のほとんどが、上手くいっていないか、こじんまりとした成功に終わっている。なぜだか分りますか？李さん、私も最初は分からなかった。しかし中国人とお付き合いし始めて分かるようになってきたんだ」
李は真剣に聞いている。
「思うところパターンは3つ。1つ目は、日本式に無理に合わせようとして、本来の中国人の良さを無くしてしまうこと。こういう人たちは非常に勉強家で、日本の有名な経営者たちの本を全て読んでいるし、中にはそういった勉強会に入っている人もいる。しかし上手くいかない。我々から見るとそんなに無理せんでもと思う時がある」
これには李にも思い当るところがあった。

「2つ目は、何でも結論を急ぎ過ぎるというか、すぐに○か×をつけたがること。ちょっと面白い例で説明しよう。日本人はライバル企業であっても結構、社長同士は仲が良かったりするんだ。大きな目で見たら業界仲間だと思っている。中国では敵は敵でそんなことはしないでしょう？人間関係も同じ。例えば良くない辞め方をした社員が、時間を置いて訪ねてきたら社長はむげにはしない。
以前就労ビザで来ていた沈さんも、経営はうまくいっていないと聞く。頼ってきたら助けてあげるのに、沈さんはよくない辞め方をしたと感じて

しまったのか、そういうことをしない。

　日本人はコネクションというのをもっと長い目で見ているんだ。しかも〇か×ですぐにその人を結論付けない。その分、中国人から見たらスピードが遅く見えるのかもしれないが・・・」
　まさに社長の言う通りだと思った。今辞めたらこの会社には二度と来られないと李も思っていた。

「社長３つ目は何ですか？」
「それは、中国人は自分の能力だけで勝負しようとすること。既存のビジネスの方法を真似ることをよしとせず、ハイセンスでオリジナルなビジネスを自ら作り出そうとする。先人の知恵を利用しないのはもったいないよ。李さんも、自分の能力だけが頼りだと思っている危ない傾向があるよ」
「それも・・・当たっています」
「でもね、李さん。これは中国人の悪口を言いたいわけじゃないんだよ。日本人も中国に行けば、逆のパターンで失敗の山を築いているんだ。それだけ海外ビジネスというのは難しいんだ。私には海外貿易の師匠と言うべき人がいるんだが、昔言われたことがいまだに忘れられなくてね。海外ビジネスの半分は簡単だというんだ。それは、外国人から買うこと、仕入だね。相手も売りたいと思っているんだから簡単だろう。だが外国人に売ってお金を回収することは、格段に難しいと言うんだ。これは実践してみないと言えないことでね。今この会社もそれで悩んでいるんだが、テキストなどを読んでも、売りと買いはイコールのイメージで書いてあるので、それについては出てこない。いや、発展途上国にはニューリッチ層がいるので、売る方が簡単だと書いてある本さえある」
　李は納得することのみで、返す言葉がなかった。
　これまで考えた自分の独立プランは良かったのだろうか？
　分からないことだらけだった。

田尻社長は言った。「李さん、私はそのプランは止めたほうが良いと言っているわけではない。退職を引き止めているということでもないんだ。先ほどの話ではないが離れても時々相談に来てもらっても良い。ただ、まだこの形でビジネスをするのは早いと思っているので、会社として提携するというところまでは出来ない。すまない」
　その言葉に李は深く頷いた。そして「ありがとうございます」と言った。

　今までの人生では考えられなかったことが起ころうとしていた。すなわち自分のプランを保留して、退職を思いとどまろうかと考え始めていた。

２４．送別会

　一人の外国人の最後の場面。送別会となる。

　ファンは悩んだ挙句に３年で帰国する道を選んだ。それは出国時に両親や妹に３年で帰ると宣言し、家族もそれ（ファンの帰国）を待っているからだった。

　預金は120万円になっていた。もう少し貯められると思っていたのだが、物価の高い日本で生活するということはそれなりの出費も必要だということを知った。これはベトナムに帰れば1,000万円程度の価値になる。

　ファンは宴会の冒頭で少しうまくなった日本語で「お世話になりました」と挨拶した。３年の期間で日本人との交友関係は深まり、業務にも慣れた頃なので寂しさが伴う。

　しかしファンには、祖国に帰って日本で貯めたお金を活用した、これからの展開に夢を馳せている部分もあった。

　指導役の川村は、途中一日だけの失踪事件があっただけに、無事期間を満了したことにほっとしていた。

　ファンとはもう言葉を交わさなくても気持ちがある程度通じるようになっていた。ビールの入った紙コップで乾杯をしたが、つい目が滲んでしまう。

　「今度、ベトナムのおまえの家に行くから接待してくれよ」と笑顔で言った。

　ファンも「はい」と答えながら目を少しだけ滲ませていた。

　この３年の間にファンの心境にも変化があった。

　ベトナムに戻ったら、故郷の村に家族で飲食店を開こうと思っていたが、せっかく日本の製造業で技能を学んだのにそれでいいのだろうかという気持ちにもなっていた。かといって何をしたらいいのかも分らない。

技能実習制度というのはこのように矛盾を孕んでいるのである。

　李と社も席を並べて飲んでいた。
　李も、社の性格をかなりつかんで仲良くなっていた。中国人は個性の強いことが特徴であり、同じような社の性格が逆に可愛く見えてしまうのだった。
　この２人も言葉を交わさずとも通じ合う仲となっていた。
　社は李に「カンペイ」と言ってコップを合わせた。そして中国語で「今天心情很好（チンティエン シンチン ヘンハオ）」と言った。今日は気分がいいです、という意味だ。
　社は宣言通りNHKの中国語講座で密かに中国語を学習していたのだった。日常会話までは習得した。李が一時帰国する時には一緒に北京に連れて行ってもらう約束も取り付けていた。
　ただ会社側からすると、せっかく中国語を習得したのだから、もう少し仕事で活かしてもらいたいという思いもあった。

　田尻社長と真下部長は、ファンの技能実習期間が無事に終わったことに乾杯をした。
「真下君よ、この前、次のステージをどうするかについて話したが、毎年この歓送迎会の風景を見ると今の方法のままでもいいような気がしてくるんだよ。そりゃあ、製造販売する国に直接投資して、中間の日本の業務と人間を抜いてしまった方が早い。しかしこういう異国間の交流がなくなるし、それ以前に日本の企業がみんなそれをやりだしたら日本人の雇用って何もなくなってしまうじゃないか」
　真下部長も「そうですよ、私もそう思います。世の中への貢献って経済を回すことだけじゃないですもんね。人を育てるということも立派な貢献だと思います。私ももう少し我慢して入管とやりあいます」と返した。
　社長は「明日は皆で関空まで行かなあかんし、深酒は出来んな」と言っ

た。この田尻商事、外国人が来る時は１人で会社まで来られるかを試すのだが、祖国に帰る時は全員で見送りに行って万歳をするのだった。

　このSTORYは、登場人物全員が自分の戦略あるいは自分の人生についてこれでいいのかと悩みながらも、次に打つ手がはっきりと決まらないというなんとも煮え切らない形で終わる。
　田尻社長は、ベトナムや中国に直接投資してコストを下げるべき時期はいつなのか悩み続けている。
　真下部長も、このままでは入管制度への対応コストも馬鹿にならないと問題意識を感じている。
　指導役だった川村は、技能実習制度も最長５年に長期化され、ベトナム人技能実習生に教えることのレベルをもっと上げるべきではないかと考えている。
　社美和子は、就労ビザで入国した中国人との付き合い方が果たしてこれで良かったのだろうか判然としていない。
　中国人の李は、独立を延期して日本式経営を学んでいくことは有意義であるが、自分のアイデンティティが薄れてしまうのではないかと危惧している。
　ベトナム人のファンは、故郷に帰り貯めた金で飲食店を開くつもりだったことに疑問を感じている。しかし製造の技能を伝えるという方法が全く思い浮かばない。

　新たなことに乗り出した企業は、経験と反省をもとに悩んでいる。しかし前進はしている。
　いつの日かこの田尻商事の登場人物たちの夢が成就し、さらなる飛躍をすることを期待する。
　そしてこれを読まれたあなたも、何らかの方法で外国人活用の第一歩を踏み出されんことをここに願う。

25．ラストシーン

　では、ラストシーンである。
　関西国際空港、国際線出発フロア、出発ゲート。ここをくぐれば、もうある意味日本ではない。
　そのゲートの入口にファンが立ち、田尻商事社員全員が輪のように囲んでいた。
　田尻社長が挨拶するが、それはもう杓子定規なものではなかった。
　「ファンさん、ありがとう。田尻商事は３年間大いに助かったよ！」と言い、固い握手を交わした。
　社員から手渡された花束をファンに渡す。拍手が響く。その輪に中国人の李も加わっている。５年を目指して残るベトナム人技能実習生もいる。
　ファンは、目頭を熱くして、少しうまくなった日本で「皆さん、ありがとうございました。とても勉強になりました。祖国に帰ってがんばります」と言った。

　鳴りやむことのない田尻商事社員全員の拍手の中、ファンは花束を手にゲートの中に入って行った。

〜田尻商事、奮戦中！Ｆｉｎ〜

第3章　外国人の労務管理

STORY に登場した田尻商事は、様々なトラブルに見舞われるものの真摯に外国人と向き合い、ひとつひとつ解決しながら、外国人の労務管理に関するノウハウを蓄積していました。

ここからは STORY の舞台裏で田尻商事の外国人活用を支えていた、外国人の労務管理に関するノウハウを覗いてみたいと思います。

外国人とのトラブルを予防するためのポイントということもできますので、是非とも参考にしていただきたいと思います。

１．基本的な考え方

これまで見てきたように、技能実習生は技能移転という理念から原則３年間で100％帰国しなければなりませんでした。受入れ企業にとってみれば、３年間という期間限定の労働力という位置づけでした。

しかし、特定技能１号としてさらに５年間、就労できるようになりました。将来的に、特定技能２号の対象業種が広がれば、多くの外国人が期間の制限なく就労できるようになります。

技能実習生は原則３年間、企業を変わることはできませんが、特定技能外国人は、同じ業種の、同じ業務であれば、自由に転職することができます。

これまでのような期間限定の労働力である技能実習生を前提とした管理のままでは、簡単に他社に移ってしまうことになるのです。

また、現在は、外国人労働者をめぐって、世界中で取り合いになっている状況にあります。旧態依然の、郷に入っては郷に従え式の労務管理を行っている企業には、技能実習生としても来てくれなくなることも十分考えられます。

今後は、長期雇用を見据えた労務管理が必須になるのです。

まず基本的な考え方についてお話します。

強調しておきたいのは、「日本人と同じ」が大原則だということです。外国人だから…という考え方をするから、話がややこしくなったり、トラブルを生んだりすることになります。
　よくこういう話をお聞きになると思います。「従業員満足度の向上が顧客満足度につながる」。外国人だって、御社の従業員に違いありません。外国人従業員にも日本人同様に、満足を感じて就業してもらうことが、会社の利益につながるのです。

　以下の図をご覧ください。

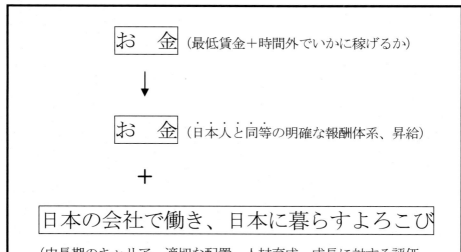

　これまでは、技能実習生にとっても、受入れ企業にとっても、お金だけで良かったのです。最低賃金だけれども、3年間、残業をどんどんやり、時間外手当で稼げればそれで良いという考え方でした。

しかし、長期的に働いてもらおうと思うとそういう訳にはいきません。お金については、明確な報酬体系を提示して、実績に基づいた昇給が必要になります。しかも、日本人と同等である必要があります。現在、技能実習、特定技能、就労ビザ等すべての在留資格の申請において、報酬額が日本人と同等であるかどうかについて、厳しくチェックされています。それを書面で証明しなければなりません。外国人だから安い、などということは許されないのです。

　さらに、日本の会社で働き、日本に暮らすよろこびを感じてもらわなければ定着は望めないでしょう。そのためには、中長期のキャリア、適切な配置、人材育成、成長に対する評価はもちろん、地域との共生が重要になってきます。

　技能実習生の面接で現地に行っても、日本に行く目的について、お金が100％ではなく、日本の技術を学びたい、日本の職場の管理方法を知りたい、日本で生活してみたい、日本人を知りたい、という外国人も増えています。
　日本で成長できれば、帰国後、条件の良い日系企業で働くこともできるからです。

2．日本語の問題をどうするか

　外国人を受入れている企業の最大の悩みは、日本語でのコミュニケーションの問題です。「日本語でコミュニケーションが取れないと、危なくて作業をさせることができない」と口々に言われます。
　確かに、先ほど述べたお金＋日本の会社で働き、日本に暮らすよろこびの実現のためには、日本語でコミュニケーションがとれることが大前提といっても良いでしょう。
　ご注意いただきたいのは「いくら同じ仕事で同じ技術であっても、日本

語ができない者に、日本人と同等以上の報酬を支払うのか」という主張が通るのかどうかということですが、それは通りません。通訳・翻訳など日本語能力そのものが報酬の対価となっているのでない限り、日本語ができないという理由で報酬を安くすることはできないということです。

それでは、日本語の問題に対処するための具体的なポイントをお話いたします。

(1)外国人にとって日本語は難しいということを認識する

まずお願いしたいのは、外国語としての日本語はとても難しいということを認識していただくことです。特に、漢字を使っていない国々の人は、ひらがな、カタカナに続いて、漢字を勉強しなければなりません。我々が小学校6年間をかけて延々と漢字ドリルに取り組んだことを短期間でやらなければならないのです。しかも、日本の漢字にはたくさんの読み方があります。中国語の漢字には、読み方は一つしかありません。

さらに、動詞・形容詞は活用して形が変わります。英語を学んだ時に動詞の形が、過去形や過去分詞形で変わるのを大変だと思われたことがあると思います。しかし、日本語の活用はそんな比ではないくらい複雑です。中国語やベトナム語には、活用は全く存在しません。

敬語があったり、語順が完全に決まっていなかったりもします。

外国人にとって日本語がいかに難しいかということがご理解いただけたと思います。

(2)本人たちの日本語学習、特に習得への意欲をサポートする

何より本人たちに日本語習得への意欲がないと上達は望めません。そのために我々はその意欲をサポートする必要があります。

本人たちが意欲を失う一例としてこういうものがあります。
　受入れ企業の方々がよくおっしゃる「最初に来た1期生はよく勉強して、日本語もうまかったが、2期生、3期生と期を経るにつれ、日本語ができなくなっていった」というものです。
　この理由は簡単です。1期生は、この会社において外国人は我々が初めてだという気持ちがあります。あたかも国を代表して来ているのだという気概があり、まじめに仕事に取組み、積極的にコミュニケーションを取ろうとします。そして、周りの日本人も、遠く故郷を離れて働きに来てくれているということで、いろいろと世話を焼き、コミュニケーションを取ろうとするからです。
　こうした状況が、社長をして「外国人が来てくれて社内が刺激された。外国人の真面目な働きぶりに触発されて、日本人も負けまいと働いてくれている」と言わしめ、社内が多いに活性化するという好事例はたくさんあります。
　2期生がやってきた時はどうでしょうか。すでに1期生という先輩が近くにいます。日本語がわからなければ先輩に母国語で聞けばいいや、という気持ちになります。日本側も、日本語でコミュニケーションがとれなければ1期生を呼んで通訳させますし、業務内容についても直接教えることをせずに、1期生に任せきりになってしまいます。そうすると2期生は日本語を勉強しなればならない、という意欲をすっかり失ってしまいます。
　よって、日本側も1期生に頼ることなく、2期生、3期生ともできるだけ積極的にコミュニケーションをとらなければなりません。業務内容を直接指導するのは当たり前のことでしょう。

　日本語習得への意欲の向上策として効果があるのは、やはり日本語教室に通うことです。自治体やボランティア団体が日本語教室を開いていることがあります。今後は外国人の増加が見込まれることから、こうした日本

語教室が増えてきます。近くに日本語教室があれば、是非とも参加するよう勧めていただきたいものです。

　最近は、日本語のアニメや歌に興味がある外国人が増えていますが、留学生に比べれば、技能実習生等にはまだまだよく知らない人も多くいます。彼らは、毎日インターネットを通じ、本国のものばかり見ています。日本のアニメや歌を、母国語吹替ではなく、日本語で楽しむことができれば、日本語能力は格段に向上します。最初は、日本語音声、母国語の字幕付きでも構いません。とにかく興味を持ってもらうことが重要です。最終的には、日本語音声、日本語の字幕で楽しめれば学習効果はさらに上がり、理想的です。日本人のほうから、これ面白いよ、と勧めてあげてください。

(3) 日本人の歩み寄りも重要

　私が最も重要であると考えている項目についてお話します。
　外国人思いの社長さんがよく、外部講師を招いて社内で外国語講座を開いて関係者みんなで外国語を勉強するという事例があります。
　社長自らが外国語教材を購入し、勉強を始められるという事例もあります。
　これらは、社内融和に大きく貢献することは間違いありません。外国人も、自分たちはこんなに歓迎されているのだ、と感激することでしょう。
　しかし、外国語の習得という意味では、なかなか結果が出るものではありません。やはり皆さん仕事が忙しくてなかなか出席できない等、継続することが難しいのです。限られた時間で、すぐに成果が出るものではありません。
　ではどうすれば良いのでしょうか。それは、外国語にこだわる必要は全くないということです。外国人がわかる日本語を知って、それを使いさえすれば良いのです。

外国人がわかる日本語とは、外国人が学んできた教科書に書いてある日本語のことです。技能実習生の場合、もっとも多いのが「みんなの日本語」という教科書です。日本の書店でも購入できますし、面接に行った際に現地で購入すればずっと安くすみます。
　現地での外国語教育は、まだまだ丸暗記法がほとんどです。現地の日本語教師が学習内容を説明した後は、とにかく単語、例文、会話文を徹底的に暗記させます。そして、暗記できたかを確認するために、実際に言わせてみるというものです。
　したがって、暗記してきた日本語そのものであれば理解できるけれども、少しでも形が変わればもうわからない、ということが起こります。

　外国人が学ぶ日本語文法と、我々が小学校、中学校で学んできた国語文法では、教え方が異なります。例えば、我々は、動詞の基本形は「働く」で学びますし、辞書を引くときもそうです。「働く—ぅ」というように伸ばして「う」になるのが動詞だと学んだご記憶があると思います。
　一方、外国人が学ぶ動詞の基本形は「働きます」のように「〜ます」という形です。そのほうが、動詞の活用を教えやすいという理由からです。新しい動詞の単語を学ぶときは、まず「〜ます」で暗記しているのです。
　よって、「〜ます」で話せば、ぐっと通じやすくなります。例えば、「ファンさん、そこ、片しといて」と言っても通じないときは、「ファンさん、片付けます」と言うと通じるのです。
　これが、通じる日本語です。答えは、教科書の中に全部書いてあるのです。

　そして私が、技能実習生を受入れようという企業にさらにお勧めしていることがあります。
　技能実習生は、来日後、少なくとも1か月は教育機関で日本語の学習をしなければならないことになっています。その間に、半日でも良いので時

間をとって、授業の見学に行っていただきたいというものです。事前に購入した教科書を持参してください。そして、その時間は学校にお願いをして、教科書の総復習をしてもらうのです。そうすれば、技能実習生が、何を学んできたか、何を話せるのか、どういう言い方なら通じるのかが全部わかります。そして、授業が終わった後は、お昼でも夜でも良いので、ちょっと美味しいものを食べに連れて行ってあげて下さい。

　たったこれだけのことで、技能実習生との日本語でのコミュニケーションが格段にうまくいきます。

3．法令遵守

　3つ目のポイントは、法令遵守です。

　法令や制度に違反していることが生む負担は、仮に発覚しなくても多岐にわたります。入管や労基署、外国人技能実習機構がいつやってくるか分からず、もしそういう時がきたならどう対応しようかと、頭を悩ませ続けなければなりません。そうしたエネルギーは、本業に使うべきでしょう。

　また、ごくたまにではありますが、会社の法令違反を持ち出して、自身の労働条件交渉の材料にしてくる者もいます。「この法令違反を労基署に通知してもいいのだけれども、残業を増やしてくれるなら考え直します」という様にです。

　そして、法令に反している者の言葉には説得力がありません。これが企業にとっていかにマイナスかということはお分かりいただけると思います。

　いざ違反が発覚した際の影響は、受入れ企業と監理団体に及ぶのはもちろんのことですが、やはりもっとも大きいのは技能実習生をはじめとした外国人です。彼らは、多額の借金を背負って日本に来ています。もちろん仕事も辞めて来ています。家族の期待を一身に背負っている人も多いです。

　それが会社の法令違反により、受入れ停止となった場合、うまく他の企

業に受入れてもらえれば良いですが、なかなかそううまくいきません。そうすると帰国せざるを得ません。来日したばかりの技能実習生であれば、借金のみが残るのです。受入れ企業として、彼らと彼らの家族に対し何も責任がないと言えるでしょうか。

　現在、国を挙げて働き方改革が推し進められています。長時間労働を是正し、ワークライフバランスを重視すべきという考え方がかなり浸透してきました。しかしながら、技能実習生は、いかに多く残業ができるかということを第一に考えています。会社としては、残業を無制限にさせる訳にはいきません。36協定で合意した残業時間、原則は月45時間以内に収めなければなりません。
　法令に違反して残業していることが発覚して、前述のような事態になってしまっては元も子もないのだと、技能実習生の納得を得るよう説得をすべきでしょう。

　以上から、法令や制度に則って堂々と受入れることこそが、結局は利益が一番大きくなるということが言えます。もし御社が現状の制度に当てはまらないのであれば、今後緩和されることもあるので、今回は受入れないという判断をするべきだということを強調しておきます。

4．文化や習慣、タブーを知る

　外国人には、それぞれ譲ることのできない文化や習慣、タブーが存在します。受入れ企業は、それらを知り、尊重しなければなりません。そうでなければ、あっという間にトラブルが発生し、定着など望むことはできません。
　宗教などはその最たるものでしょう。敬虔なイスラム教徒であるインドネシア人従業員に対して、毎日の礼拝や、食事に対して配慮することは当

然のことです。

　例えば、中国人は面子（メンツ）を潰されることを極端に嫌います。皆がいる前で、大声で叱責してはいけません。

　大きなミスを犯したということで、一定期間、皆と違う色の帽子をかぶることを命じたところ、絶対に受入れられないと帰国を選択した人もいました。

　日本人なら当然と受け取ることでも、外国人には耐えがたい屈辱だということもあるのです。

　外国人を受入れるのであれば、最低限、こうした文化や習慣、タブーを知っておかなければなりません。

5．日本人職員の理解を得る

　社内で外国人を活用できているかどうかは、昼食時に食堂をのぞくとよくわかります。日本人と外国人が食事を共にしているか、それとも別れて会話すらしていないか。

　お互いの理解を深めていくためには、最初に外国人を受入れる際に、事前に日本人職員に対して、以下の項目をしっかりと説明して理解を得ておくことが必要です。

(1)外国人を受入れることになった経緯や目的、期待する効果
- 　人手不足の解消
- 　技能移転・国際協力
- 　社内の国際化・活性化

(2) 外国人について
- 技能実習生、留学生アルバイト、特定技能外国人、就労ビザ、日系人、日本人の配偶者のいずれなのか
- 出身国の概要について
- どういう思いで日本に来るのか
- 日本語をどのくらい学んできたか

(3) 外国人受入れのしくみ
- 制度に基づいた正規の受入れであること
- 制度上できる仕事とできない仕事があること
- 報酬は、同じ仕事をしている日本人と同等であること

　外国人を受入れたことで、日本人の報酬が下がることはないということは明確にしておくべきです。
　また、外国人が来たからといって、日本人で契約を終了する人が出るということは決してないということも伝えて下さい。

　外国人が入社した際は、本人から日本語で直接、以下のようなことを日本人職員に語ってもらう機会を設けます。

- 何のために日本に来たのか
- 日本と本国の違い
- 家族構成と家族の期待
- 日本語の習得のために、日本人とできるだけ多く話したい

　こうすることで、日本人と外国人が相互に理解を深める土台ができます。

6．インバウンドをヒントに

　2018年に3,000万人を超えた外国人観光客をこれから、4,000万人（2020年）、6,000万人（2030年）にしていこうと、インバウンドに対しては、官民あげてたいへん力が入っています。

　インバウンド業界のキーワードは、「モノ」から「コト」へ、になっています。これまでのような買い物目的のお客様だけではなく、日本ならではの体験を求めているお客様が増えています。こうした流れの中、観光産業関係者は日本ならではの体験を再発見し、整備した上で、世界に発信しています。

　あの手この手の知恵を絞り、外国人観光客に満足してもらい、リピートにつなげる、さらにはSNS等で発信してもらい、新たな外国人を誘客しようと努力しています。

　その際ポイントとなるのは、「外国人目線でのおもてなし」を実践することです。日本側からの一方的なおもてなしの押し付けになってはいけません。

　おもてなしとは、ニーズに応えることに他なりません。そして、歓迎のメッセージをお伝えすることで、満足いただけるのです。

　これらは、日本の企業に働きに来てくれた外国人に対しても同じことが言えるのではないでしょうか。外国人が働きやすい労働環境づくりには、同じく「外国人目線でのおもてなし」がヒントになるはずです。

　インバンドにおけるいろいろな施策をヒントにして、外国人の定着につなげることができます。例えば、インバンドのお客様向けに外国語のメニューを準備するという施策があります。これをヒントに、工場のラインに安全上の注意点や、作業のポイントを外国語とイラストで表記するという工夫をするといったことです。

7．外国人と共に働き暮らす社会へ

　外国人は、外国人だけのコミュニティーだけで暮らしていることが多いのが現状です。しかし、外国人も本当は日本人と交流したいのです。私たち日本人にも、日本に働きに来ている外国人は特殊な人たちで、あまり関わり合いたくないという思いがどこかにあるかもしれません。
　欧州において、外国人移民が隔絶されたコミュニティーで生活し、それらが差別、そしてテロにつながった経験を、我々は知っています。
　外国人を本格的に受入れるという決断をした以上、外国人が地域社会において共生できるよう努めていかなければなりません。

　受入れ企業の役割としては、企業と地域社会の関わりを通じて、企業の一員たる外国人を積極的に地域社会に参画させていく、ということが重要になってきます。例えば、地元の商工会の夏祭りで、ベトナム人従業員と日本人従業員が一緒になって、ベトナム料理の屋台を出し、地域住民と交流する機会を作るということです。

　技能実習生をはじめとした外国人は給料のほとんどを、本国にいる家族の生活のために送金しています。それでも税金と社会保険料はきちんと納めています。つまり、外国人も納税者であり、社会保障の負担者であるのです。
　そして、今後は長期的に日本で働き暮らすことになり、家族を呼び寄せる外国人も増えてきます。これまで送金をしてきた家族が日本にやって来て一緒に暮らすのですから、消費者としての面も大きくなってきます。
　そうであれば、外国人が豊かになることは、日本が豊かになることにつながるといえるのではないでしょうか。

　外国人雇用におけるキーワードは「カネ」から「コト」へ、だと思いま

す。単なる期間限定の出稼ぎではなく、日本で働き、生活した経験を今後のキャリアに活かしてもらうのです。現地法人を立ち上げて、幹部として登用するというのは理想的ですが、仮にそうでなくても、帰国後のキャリアにプラスになるような労務管理を受入れ企業は行っていくのです。

　そうすることで、世界中で外国人労働者争奪戦となっている現在において、日本のブランドが高まり、日本が選ばれることにつながります。

　そして、日本で働いたことのある外国人を日本のファンにすることができれば、日本で働きたいという外国人も増え続けるに違いありません。

おわりに

　STORY は、関西国際空港での別れの場面で終わりました。
　ファンさんの故郷、ベトナムハノイのノイバイ国際空港はどうでしょうか。お母さんと妹のリンさんをはじめ親族や多くの友人が到着ロビーに集まり、ファンさんが出てくるのを今か今かと待ちわびていることでしょう。

　私は中国にいた頃、こうした場面に多く立ち会いました。
　技能実習生の帰国日には、仕事を調整して、できるだけ空港に行くようにしていました。
　多くの人が花束を手に、3年ぶりに会う家族の帰りを待っています。出国時には赤ちゃんだった子もすっかり大きくなっています。
　何より忘れられないのは、お土産がいっぱい詰まった大きなスーツケースを引きながら出てくる技能実習生たちの晴れやかな笑顔です。それは初めての外国であった日本で、家族のために3年間、学び、働き、稼げたことへの自負と安堵の笑顔でした。
　顔見知りの技能実習生は、私に声をかけるのを忘れず「どうもお世話になりました。お元気で」と言い、家族が用意してくれた車で遠く離れた田舎の実家へと帰って行きました。握手をしたその手の分厚さは、3年間にわたり日本の現場を支えてきたことを物語っていました。

　この頃の記憶が、私自身が現在の仕事を続ける原動力になっているのかもしれません。

本書を読まれた皆さんにはもう、外国人の受入れが複雑かつ苦行であるというイメージはなくなっていることだと思います。
　法令や制度に則って堂々と受入れさえすれば、何も恐れることはありません。それどころか、さまざまな人や機関が力を貸してくれます。
「技能実習」の監理団体、「特定技能」の登録支援機関をはじめ、外国人との共生を推進する国、地方自治体、公的機関もそうです。そして、我々専門家も受入れ企業で外国人が十分にその力を発揮できるようサポートします。

　まずは最初が肝心です。法令や制度を少し曲げてでも、外国人に来てもらって人手不足を何とかしようということで始めたなら、これから様々なトラブルに巻き込まれるでしょうし、何よりそういう企業に外国人は定着してくれません。そしていずれ誰も来なくなります。

　STORYの田尻商事のように、自らの夢と家族の期待を胸に日本へやって来た外国人の若者たちから刺激をもらい、社内が多いに活性化している事例はたくさんあります。

　時代は、外国人の本格受入れ時代へと動き始めました。
　皆さんも、今まさに「待ったなし！外国人雇用」の時を迎えています。
　日本が目指す外国人との共生社会を、まずは企業の中から作り上げてみませんか。外国人を含めた従業員全員の笑顔のために、一歩踏み出す勇気を私たちは応援しています。

2019年4月

初夏の陽気の台南にて
松本　光正

参考資料　外国人雇用公的相談窓口一覧

法務省
- 「外国人在留総合インフォメーションセンター」（全国8入国管理局）

入国手続や在留手続等に関する各種問い合わせに対応、4か国語対応

- 「外国人総合相談支援センター」（東京・埼玉・浜松）

外国人が生活するために必要な入国管理手続等の行政手続、生活に関する相談及び情報提供を行うためのワンストップ型の相談センター、8か国語対応

厚生労働省
- 「外国人雇用サービスセンター」（東京・大阪・名古屋）

　　外国人雇用専門のハローワーク、4か国語対応

- 「外国人労働者相談コーナー」（全国26都道府県労働局及び労働基準監督署）

労働条件等について外国語で相談できる窓口、8か国語対応

- 「労働条件相談ほっとライン」（労働基準監督署閉庁後の平日17時～22時、土日9時～21時）

フリーダイヤル　0120－811－610　（はい！ろうどう）
外国人労働者からの相談に8か国語で対応

・「外国人雇用管理アドバイザー」（全国都道府県労働局）
　　ハローワークが窓口となり、企業に対してアドバイザーを派遣

地方自治体
・「多文化共生総合相談ワンストップセンター（仮）」（全国約100か所、11か国語対応）
　　行政・生活全般の情報提供・相談を多言語で行う一元的窓口

日本貿易振興機構（JETRO、ジェトロ）
・「高度外国人材活躍推進プラットフォーム」
　　企業と高度外国人材・留学生のマッチング、施策の情報発信等ワンストップサービスを提供

（技能実習制度関係）
外国人技能実習機構
・「外国人技能実習機構コールセンター」
　　技能実習制度全般の基本的事項についての問い合わせに対応

・「母国語相談センター」（全国13事務所・支所）
　　技能実習生からの様々な相談に対応、8か国語対応

国際研修協力機構（JITCO、ジツコ）（全国12事務所）
　　技能実習制度における様々な申請手続きや取り次ぎサービス、実習生受入れに関する準備や効果的な実習にむけての各種セミナーなど、さまざまな情報提供、アドバイスを行う機関

著者略歴

氏名：西河　豊（にしかわ　ゆたか）

職歴：1959年、京都府生まれ

1984年4月～2000年2月、金融機関勤務

その間1991年から1996年までシンクタンクの研究員として出向

2000年、独立開業

西河経営・労務管理事務所、ものづくり補助金情報中心(センター)代表

前大山崎町商工会会長

資格：中小企業診断士、社会保険労務士、経営革新等支援認定機関

執筆：「それでも、小売業は中国市場で稼ぎなさい」中継出版　2012年

「補助金・助成金獲得の新理論」三恵社　2016年

「中小企業経営戦略の新理論」三恵社　2016年

「集客の新理論」三恵社　2016年

学歴：大阪外国語大学　中国語学部（現大阪大学　国際学部）卒業

氏名：松本　光正（まつもと　みつまさ）

職歴：1972年、奈良県生まれ。大手家電メーカーでの商品企画、学習塾塾長を経て、財団法人、協同組合において外国人技能実習生受入れ業務に約9年間従事。うち3年半は中国山東省煙台市の外国語教育機関において教頭業務および技能実習生や学生に対する日本語、日本の職業文化に関する教育に携わる。新たに立ち上げた協同組合においては、中国人技能実習生17名の受入れ過程（人選、採用、申請、教育、管理、帰国）すべてを一人で行う。

2016年9月、独立開業。専門は外国人雇用。全国各地でセミナー多数開催。

奈良労働局　外国人雇用管理アドバイザー。

資格：社会保険労務士、申請取次行政書士、中小企業診断士、

全国通訳案内士（中国語・英語）

学歴：神戸大学　経営学部卒業。在学中、約1年半にわたり中国黒龍江省哈爾濱市の黒龍江大学、哈爾濱科学技術大学にて中国語を学ぶ。

待ったなし！外国人雇用―STORYで学ぶ入管法改正―

2019年 6月12日　初版発行

著　者　西河　豊
　　　　松本　光正

定価（本体価格1,750円＋税）

発行所　株式会社　三恵社
　　　　〒462-0056 愛知県名古屋市北区中丸町2-24-1
　　　　TEL 052 (915) 5211
　　　　FAX 052 (915) 5019
　　　　URL http://www.sankeisha.com

乱丁・落丁の場合はお取替えいたします。
ISBN978-4-86693-084-8 C2036 ¥1750E